快速读懂民法典

人格权编

有尊严地生活

娄智财　主编

中国民主法制出版社

图书在版编目（CIP）数据

快速读懂民法典 . 人格权编——有尊严地生活 / 娄智财主编 . -- 北京 : 中国民主法制出版社 , 2021.4
ISBN 978-7-5162-2049-8

Ⅰ . ①快… Ⅱ . ①娄… Ⅲ . ①民法—法典—中国—学习参考资料②人格—权利—中国—学习参考资料 Ⅳ .
① D923.04 ② D923.14

中国版本图书馆 CIP 数据核字（2021）第 044175 号

图书出品人：刘海涛
出 版 统 筹：乔先彪
责 任 编 辑：陈　曦　谢瑾勋

书　　名 / 快速读懂民法典 · 人格权编——有尊严地生活
作　　者 / 娄智财　主编
插　　画 / 图图话话艺术教育 · 蛋糕老师

出版 · 发行 / 中国民主法制出版社
地址 / 北京市丰台区右安门外玉林里 7 号（100069）
电话 /（010）63055259（总编室） 63058068　63057714（营销中心）
传真 /（010）63055259
http: //www.npcpub.com
E-mail: mzfz@npcpub.com
经销 / 新华书店
开本 / 16 开　　640 毫米 ×920 毫米
印张 / 12　　**字数** / 79 千字
版本 / 2021 年 4 月第 1 版　　2021 年 4 月第 1 次印刷
印刷 / 唐山才智印刷有限公司

书号 / ISBN 978-7-5162-2049-8
定价 / 39.80 元

我叫王小强，自认是个达观的乐天派，虽不说事业有成，但也小有成绩，唯一的爱好就是研究法律，只因吃过不懂法的亏，也尝过以法律保护自己和身边朋友权益的成就感。

我所遇到过的纠纷，可能是你，也可能是他/她正在经历的纠纷，博学多思、古道热肠的我今天化身“普法男神”，让你远离法律盲区，为你保驾护航，让法律能够成为每一个人的合法武器！

民法典
诞生

人格权编

进入21世纪以来，人们的物质生活条件得到了极大改善，在精神层面也开始有了更高的追求，其中，对人格尊严的需求是不可忽视的。另外，新兴技术的高速发展为我们的生活带来便利的同时，也带来了新型的风险。面对新时代的新变化、新问题、新挑战，《中华人民共和国民法典》（以下简称《民法典》）在体系上进行了重大创新，单设人格权编，秉持以人格尊严为中心的价值理念，构建了完整的人格权规则与制度体系，印证了《民法典》以人为本的价值理念。

在我国，尽管多数人对性的话题讳莫如深，但深受性骚扰之苦的人却不在少数。过去，我国的法律对于性骚扰的界定和分类都很笼统，缺乏具体的法律法规。此次《民法典》第一次对性骚扰问题作出了明确而详细的规定，同时，将负有防止性骚扰责任的单位的范围进一步明确，规定了其负有预防和制止性骚扰的义务。

个人的姓名、肖像、声音以及法人的名称等，具有一定的经济价值，可以成为经济利用的对象。《民法典》确立了人格权的商业利用规则。具体而言包括，划定了许可使用的人格利益的范围，规定了人格利益许可使用合同的解释规则，规定了人格利益许可使用合同的解除规则等。从这些规则中不难看出，当人格权和财产权发生冲突时，法律向人格权保护倾斜的精神。

互联网、大数据、高科技的发展为我们的生活带来了翻天覆地的变化，与此同时，我们的隐私、个人信息等人格利益的保护也受到了前所未有的挑战。为此，《民法典》对隐私权和个人信息保护进行了专章规定。《民法典》明确了隐私权的定义，具体列举了各种利用现代科学技术手段侵害隐私权的方式。对于个人信息的保护，《民法典》人格权编用了6个条文，进行了迄今为止最详细的规范。这些条文，强化了法律对隐私权和个人信息的保护力度，方便了实际操作。

第一章 以人为本是核心，打响人格尊严保卫战

第二章 身体发肤皆受保护，生命健康不容侵害

第三章 家族传承的姓，代表身份的名

第四章 我的肖像我做主，侵权有法来保护

第五章 名誉不容损害，荣誉不容亵渎

第六章 生活安宁人人需要，保护隐私刻不容缓

第一章

以人为本是**核心**，打响人格尊严**保卫战**。

1 被人肉搜索了，可以讨回公道吗？

王小强的同事小景是一名在大城市打拼的女青年，她容貌姣好，气质出众，在工作上也表现优秀。有这么一位高颜值、高学历、高收入的女儿，小景的父母深感欣慰，唯有一点让他们老两口十分不顺心，那就是女儿已经31岁了，还没有结婚。在父母的多番催促下，小景内心也越来越焦虑。正在这时，她注意到一档电视相亲节目。为了解决结婚这件大事，她决定上这档节目去碰碰运气。

小景因为条件出众，在节目里备受男嘉宾关注。可她性格强势，眼光颇高，言辞犀利，有时候会让男嘉宾略显尴尬，因此网友对她的评价很不好。不久，有人对她发动了“人肉搜索”，一时间她的曾用名、联系方式、家庭背景、整容前的照片、恋爱史等被人曝光，还有人造谣她曾插足别人的婚姻。这件事让小景以及她的父母都非常痛苦。看着网友们对她品头论足，甚至是讽刺、谩骂的言论，小景夜夜难眠，经常以泪洗面，工作也干不下去了。她暂时和公司告了假，整天躲在家里不出门。王小强劝小景用法律武器为自己讨回公道，可是侵害她的人躲在网络背后，而且涉及的人不止一个，她不知道若是打官司，能否打赢。

随着互联网、高科技以及市场经济的发展，网络信息时代的到来，人格权被侵害的方式也不断增多，“人肉搜索”便是一种新型的“网络暴力”现象。“人肉搜索”会导致当事人的个人信息和隐私全面暴露于公众面前，甚至引发各种电话、短信等骚扰，造成当事人内心崩溃、家人跟着遭殃的恶劣后果。

“人肉搜索”的侵害人虽然躲在网络背后，但网络并非法外之地，此行为侵害了公民的人格权，是违法行为。人格权的法律保护原则，是《民法典》总则编第3条规定的民事权利依法保护原则的组成部分，任何民事权利及合法利益都受法律保护，任何组织或者个人不得侵犯，人格权当然也不例外。因此，受侵害的公民有权要求对方承担相应的民事责任。

案例中的小景可以及时把相关网站上的内容截图、录像等，以保留证据，然后向人民法院起诉侵权的网络用户和网络服务提供者，要求其删除相关内容、停止侵权、赔礼道歉等。如果侵权人的行为对受侵害人造成了极大的精神损害，产生了严重后果，受侵害人还有权要求侵权人进行精神损害赔偿。

法典在线

《中华人民共和国民法典》第九百九十一条　民事主体的人格权受法律保护，任何组织或者个人不得侵害。

2 人格权可以继承吗?

王小强的邻居老崔家最近麻烦事不断。老崔的儿子小崔经营着一家小面馆，由于价格公道、口味独特，生意越来越红火。这让他的竞争对手杨某嫉妒不已，随即，杨某便带人前往小崔的面馆找碴儿。小崔十分气愤，便与杨某打了起来，造成了杨某手臂骨折，小崔也因此遭受行政处罚。本以为事情可以告一段落，谁知之后的某天，杨某的母亲唐某来至老崔家，对着老崔夫妇破口大骂。王小强帮忙报警后，唐某便被公安局拘留了。三天后，老崔心律失常的老毛病又犯了，便住进了医院。两周后，老崔出院。半年后，老崔突感身体不适，于家中去世。之后，小崔向人民法院提起诉讼，要求判令杨某和唐某向自己和母亲赔礼道歉、恢复名誉、消除影响等，并赔偿父亲老崔住院期间的医疗费用，同时进行精神损害赔偿。小崔的这些诉讼请求能得到人民法院的支持吗?

人格权是自然人生而具有的权利，因自然人出生而产生，因自然人死亡而消亡，是一种固有权利。人格权只能为特定的权利人所享有，与权利主体终生相伴，须臾不可分离，因此具有专属性。权利主体在法律规定的范围内可以凭借个人意志直接支配与其自身有密切联系的人格利益，不需要经过他人同意，也不需要借助他人的帮助，这是人格权的支配性。

由于人格权具有以上特性，因此，权利主体在任何民事活动中，对人格权不得放弃、转让、继承。

（1）不得放弃。一般的民事权利是民事主体享有的利益或自由，是可以放弃的。但是，人格权比较特殊，它是权利主体对其自身的权利，生命、健康、肖像、名誉等人格要素，是权利主体不可或缺的，因此而产生的具体的人格权是客观存在的，不可放弃。

（2）不得转让。由于人格权与权利主体须臾不可分离，故而无法转让。这里需要注意的是，在日常生活中，许多人会将自己的姓名、肖像、个人信息等人格利益许可他人使用，但这并不意味着将自己的姓名权、肖像权、隐私权等放弃或转让。

（3）不得继承。人格权是权利主体与生俱来的权利，随着权利主体的死亡而灭失，故而无法继承。

由此可见，案例中小崔的父亲老崔死亡后，他的人格权也会随之消亡，无法继承给妻子和儿子。如果小崔没有证据证明老崔的死亡与唐某的辱骂之间具有因果关系，那么小崔不能代为行使老崔的人格权，因此，小崔的诉求不能得到人民法院的支持。

法典在线

《中华人民共和国民法典》第九百九十二条 人格权不得放弃、转让或者继承。

3 代言合同到期仍被使用肖像，可以要求赔偿吗？

王小强的远房表妹茉莉是一名模特，她曾与某彩妆公司签署了为期 1 年的合同，为该公司的彩妆产品代言。在合同期内，茉莉不仅多次在商业活动中使用该公司的彩妆产品，还在微博上用该公司的化妆品进行化妆直播，带货效果相当不错。某天在参加活动的时候，茉莉见到了一位久违的老友。老友刚一见面就激动地说："原来你是 ×× 品牌的形象代言人啊，'双十一'的时候，我在他们家的旗舰店看到了你的化妆直播，我正想买一套化妆品呢，一看是你代言的，我就果断下单了！"

茉莉听后感到非常惊讶，她与该彩妆公司的形象代言合同已经到期半年之久了，难道他们还在使用自己的肖像吗？茉莉在参加完活动后赶紧打开某购物 App，发现该品牌彩妆的旗舰店的网页上的确还在使用自己的肖像进行宣传。茉莉非常愤怒，她认为该彩妆公司是在侵犯自己的肖像权，而且会影响自己接其他产品的代言，因此，她起诉了该彩妆公司，要求商家赔礼道歉并进行赔偿，茉莉能如愿以偿吗？

人格权在市场经济环境下是具有商业价值的。在现实生活中，对人格权进行商业化利用是很常见的，如名人代言产品、发表拍摄的人像照片等。《民法典》第 993 条就为人格权的商业化利用提供了法律基础。许可他人使用的人格利益，包括姓名、名称、肖像、声音等。这些人格利益能够脱离权利人而独立存在，通过使用可以使权利人获得经济利益。但并非所有情形下都可以许可他人使用人格利益，依照法律规定或者根据其性质不得许可的除外。

肖像具有固定于物质载体的属性，故肖像可以产生经济利益，权利人可通过签订许可合同等方式许可他人在约定的期限和范围内使用其人格权，从而取得肖像权的商业化利益。受许人应当按照约定的期限和方式使用他人的人格权，否则可能构成侵权。

在上述案例中，茉莉成为某彩妆公司的形象代言人，就是将自己的肖像许可他人使用并从中获取利益的例子。只是当茉莉的代言合同到期后，就是不许可使用的情况了，而商家仍然在网页宣传中使用茉莉的肖像长达半年的时间。商家未经茉莉同意擅自继续在产品宣传网页上使用茉莉的肖像，侵犯了茉莉的肖像权，应当承担相应的侵权责任。茉莉可以起诉商家，要求商家停止侵害、恢复名誉、消除影响、赔礼道歉，并且可以要求赔偿损失。具体的赔偿金额要结合代言合同的酬金、侵权时间和造成的影响等因素来确定。

法典在线

《中华人民共和国民法典》第九百九十三条　民事主体可以将自己的姓名、名称、肖像等许可他人使用，但是依照法律规定或者根据其性质不得许可的除外。

4 逝世的人还享有人格权吗?

王小强的岳父因心血管疾病于家中骤然离世，给家人带来了沉重的打击。然而，当一家人还没从亲人逝世的悲痛中缓过来的时候，网上的一篇文章又让一家人陷入了舆论的旋涡。

某日，王小强在网上看到一篇诽谤自己已故岳父的文章，文章中捏造事实，称王小强的岳父生活作风有问题，经常以权谋私，和女学生发展不正当关系，文章还臆断其突然离世是“一夜风流”导致的猝死。

由于王小强的岳父是一位颇有些知名度和社会地位的大学教授，该文章发表后迅速扩散，导致其岳父名誉严重受损，给王小强的家人带来了极其恶劣的影响。妻子薛丽经常以泪洗面，岳母因为此事精神饱受摧残，住进了医院。一家人常被周围人指指点点，生活陷入了混乱之中。王小强又是愤怒又是

悲痛，想为岳父讨回公道，可是岳父已经去世了，他不知道逝者还享有人格权吗？

案例中，文章的作者捏造事实、诽谤他人，其行为侵害了王小强已故岳父的名誉权，也间接侵害了王小强及其家人的名誉权，同时给死者亲属的生活造成了极其恶劣的影响。王小强及其家人，作为近亲属可以向人民法院提起诉讼，追究文章作者的民事责任。按照《民法典》的规定，当死者的姓名、肖像、名誉、荣誉、隐私、遗体等受到侵害时，其配偶、子女、父母有权依法请求行为人承担民事责任。所以，王小强不必担心因为岳父已故，人格权就不再受法律保护。

自然人死后，虽然不再具有民事权利的能力，也不再享有人格权这项民事权利，但其人格利益并不会一并消亡。侵害死者的人格利益，仍然会造成死者人格利益的损害。因此，死者的人格利益还是受到法律保护的。

当死者的人格利益遭受侵害的时候，死者的第一顺位的近亲属可以向人民法院提起诉讼，要求行为人承担民事责任。如果死者没有第一顺位的近亲属，则可以由第二顺位的近亲属行使这项权利。另外，关于保护死者人格利益的请求权是不规定期限的，当死者的所有近亲属都不在世的时候，法律则不再予以保护。

法典在线

《中华人民共和国民法典》第九百九十四条　死者的姓名、肖像、名誉、荣誉、隐私、遗体等受到侵害的，其配偶、子女、父母有权依法请求行为人承担民事责任；死者没有配偶、子女且父母已经死亡的，其他近亲属有权依法请求行为人承担民事责任。

确定了死者人格利益的保护规则是《民法典》的一大亮点。死者的姓名、肖像、名誉、隐私等人格利益具有多重价值，既有精神层面的，也有财产方面的，当死者的人格利益受到侵害之时，《民法

典》赋予了相关主体请求行为人承担民事责任的权利。明确规定对死者的人格利益的保护，体现了《民法典》的人文主义关怀。

5 邻居在楼道安装摄像头，可以要求拆除吗？

在王小强与薛丽还没结婚的时候，薛丽曾遇到过这样的一起纠纷。薛丽当时独自在外面租房，她和贾先生是住对门的邻居。某日，因贾先生指责薛丽经常将垃圾袋放在门口，不及时将垃圾扔到楼下垃圾桶一事，双方发生口角。这件事之后，薛丽引以为戒，打扫完垃圾之后，不再将垃圾袋放在门口。可是，某日她下班回家，发现楼道中安装了监控，薛丽门口的情形可以被拍得一清二楚。薛丽觉得心里很不舒服，便将此事告诉了男友王小强。

王小强和薛丽共同敲开了贾先生的门，询问监控是否为贾先生所安装。贾先生承认了，他认为薛丽素质不够高，需要监控来监督。王小强认为贾先生私自安装监控的行为是不恰当的，如此一来，薛丽每天上下班的出入时间就完全暴露在对方的监控之下了，这对女友的人身安全和个人信息安全构成重大威胁，他要求贾先生拆除监控。但贾先生认为，他又没把监控安装至薛丽家中，坚决不同意拆除监控。那么，贾先生的行为是合法的吗？薛丽应如何维护自己的权益呢？

本案例是涉及人格权请求权的法律适用问题。人格权请求权的具体方法包括停止侵害、排除妨碍、消除危险、消除影响、恢复名誉、赔礼道歉等。人格权请求权的行使不受诉讼时效的影响，这能更好地保护受害人的人格权。需要注意的是，损害赔偿不是人格权请求权的内容。

邻里之间难免有摩擦，为了大家能更加和谐地生活，邻里之间遇到问题应文明沟通，本着团结互助、方便生活的原则解决问题。当给邻居造成妨碍的时候，应该停止侵害。贾先生因为与薛丽有过摩擦，就私自安装监控，将楼道这部分公共区域纳入摄像监控的范围之内，是不合法的。此举已经侵害到了薛丽的隐私权，对薛丽的生活造成了一定程度的妨碍。

按照《民法典》的规定，当人格权受到侵害时，受害人有权依照法律的规定请求行为人承担民事责任。因此，薛丽有权以贾先生侵犯自己的隐私权为由，要求贾先生拆除摄像设备，以排除妨碍，薛丽还有权要求贾先生删除自拍摄之日起关于薛丽的摄像内容。

法典在线

《中华人民共和国民法典》第九百九十五条 人格权受到侵害的，受害人有权依照本法和其他法律的规定请求行为人承担民事责任。受害人的停止侵害、排除妨碍、消除危险、消除影响、恢复名誉、赔礼道歉请求权，不适用诉讼时效的规定。

6 被他人毁容，可以要求精神损害赔偿吗？

王小强的大嫂青阳是一名舞蹈演员。她容貌姣好，舞技精湛，经常在大型演出活动中担任领舞。国庆期间，青阳趁着假日打算跟团出去旅游。在网上对比了几家旅行社之后，青阳选择了甲旅行社，与之签订了相关的旅游服务合同之后，青阳便跟团出游了。在旅行期间，该旅行社提供的车辆由于超载，引发了交通事故，导致青阳右腿骨折，面部受损严重。

事故发生后，青阳很快被旅行社的工作人员送至当地医院进行治疗。在治疗期间，她的腿伤逐渐恢复了，脸上的伤口虽然经过了及时的救治，但伤口愈合后，青阳的脸上还是留下了明显的块状疤痕，总面积在9平方厘米以上。

青阳因为工作需要，对容貌有较高的要求，如果疤痕祛不掉，她可能永远不能登台演出了。青阳认为自己遭此飞来横祸，都是旅行社的责任，为了弥补自己受到的伤害，她准备起诉该旅行社。

可是此时她才发现，原来自己与甲旅行社签订旅游服务合同之后，甲旅行社未经自己同意，就将旅游业务擅自转让给了乙旅行社，乙旅行社才是实际为自己提供了旅游服务的经营者。甲旅行社的这种行为让青阳非常气愤，于是，青阳将此事诉至人民法院，要求甲旅行社和乙旅行社共同承担违约责任，并对自己进行精神损害赔偿。青阳的要求合理吗？

小强说法

青阳的要求是合理的，应得到法院支持。因违约而侵害他人人格权时，如果行为给受害人造成了严重的精神损害，受害人可以在主张违约责任的同时要求精神损害赔偿，这两者是不冲突的。

青阳与甲旅行社签订了旅游服务合同，双方便形成旅游服务合同关系，按照合同规定，甲旅行社所提供的服务应保障青阳的人身和财产安全。可是，甲旅行社在未经青阳同意的情况下，就将旅游业务擅自转让给了乙旅行社，这是违约行为，即便实际为青阳提供服务的经营者是乙旅行社，甲旅行社依然负有保障青阳安全的责任。

而乙旅行社作为服务的实际提供者，对青阳所提供的服务也应该符合保障旅游者人身和财产安全的要求，并受青阳与甲旅行社签订的合同的约束。但乙旅行社提供的车辆在行驶过程中未能安全驾驶，造成交通事故，进而严重损害了青阳的身体健康。因此，乙旅行社应承担相应的民事责任，甲旅行社应承担连带责任。

综上所述，交通事故的发生不但损害了青阳的身体权、健康权，还给青阳的精神造成了极大的痛苦，因此根据《民法典》第996条的规定，青阳除了可以追究甲、乙旅行社的违约责任，还可以要求其进行精神损害赔偿。

精神损害赔偿是侵权责任承担方式之一，主要是在人格权遭受侵害后，对受害人所遭受的精神损害予以救济。精神损害无法直接恢复原状，只能通过经济赔偿的方式对受害人进行抚慰，从而间接弥补受害人的精神损害。

请求精神损害赔偿需要满足以下几个条件：

（1）一方当事人违反合同条款，构成违约行为；

（2）违约行为使受害人的人格权益受到了侵害；

（3）违约行为令受害人的精神极度痛苦；

（4）违约行为与精神损害之间存在因果关系。

法典在线

《中华人民共和国民法典》第九百九十六条　因当事人一方的违约行为，损害对方人格权并造成严重精神损害，受损害方选择请求其承担违约责任的，不影响受损害方请求精神损害赔偿。

《民法典》实施前，一方当事人因违约行为给另一方造成严重精神损害的，另一方可以请求其承担违约责任或者侵权责任，可是如果要请求行为人承担精神损害赔偿，只能主张侵权责任。但《民法典》对此进行了更改，明确了请求其承担违约责任

不影响请求精神损害赔偿，两者可兼得。此项规定填补了现行法律的空白，使精神损害赔偿适用的范围变得更广，强调了精神权益、人格权益的重要性，有利于更好地保护受损害方的合法权益，是社会进步的体现。

7 前男友扬言要发“艳照”，可以请求人民法院阻止吗？

茉莉和京辉是在朋友聚会上认识并恋爱的，可交往之后茉莉发现京辉性格强势，控制欲强，便提出了分手。京辉不同意分手，并拿出手机里茉莉的私密照片，扬言茉莉如果执意分手，他就把茉莉的照片发到网上去。原来，他们在一起的时候，京辉趁茉莉熟睡之时偷拍过她的私密照片。茉莉吓坏了，她知道此时必须拿起法律武器保护自己，可是她又一想，打官司不是一时半刻能出结果的，到时候自己的私密照片已经发出去了，她该怎么办呢？面对这样的情形，可以请求人民法院阻止对方吗？

有些侵害人格权的行为造成的损害是不可逆的，一旦发生就很难恢复如初，且有可能一发不可收

拾。因此，《民法典》规定了诉前禁令制度，强化了对人格权的保护。本条规定所需的要件包括：

（1）有证据证明行为人正在实施或者即将实施侵害其人格权的违法行为；

（2）不及时制止将使权利人的合法权益受到难以弥补的损害；

（3）受损害方须向人民法院申请发布禁令。申请单内容要明确，申请的程序要符合法律的规定。

符合上述要件的，人民法院应当对行为人发布禁令。

本案例中，茉莉的男友京辉因为茉莉提出分手，扬言要将偷拍茉莉的私密照片散布到网上，如果不及时阻止，将会给茉莉带来不可弥补的伤害。所以，茉莉可以将相关证据提供给人民法院，证明京辉即将做这件事，向人民法院申请发布禁令。

法典在线

《中华人民共和国民法典》第九百九十七条 民事主体有证据证明行为人正在实施或者即将实施侵害其人格权的违法行为，不及时制止将使其合法权益受到难以弥补的损害的，有权依法向人民法院申请采取责令行为人停止有关行为的措施。

人格权不同于财产权，侵害人格权的行为，如果不被及时制止，便会造成无法弥补的损害。特别是在互联网事业高速发展的今天，由于网民的不可控性，侵害人格权所造成的后果往往一发而不可收。所以，《民法典》第 997 条对诉前禁令制度作了规定，体现了对侵害人格权行为进行事先预防的理念，这是民法典的一大亮点。

对正在实施或者即将实施侵害人格权的违法行为，受害者可以请求人民法院发布诉前禁令。

在读的大学擅自查询学生既往的就学信息，侵害学生的隐私权吗？

王小强同事家的孩子小贾最近和他所就读的学校闹起了纠纷。小贾是某大学的一名大学生，最近他的辅导员找他进行了一次谈话，问及他以前的求学经历。原来，小贾就读的大学利用小贾的身份证号在某网站上查询了他的信息，得知小贾在此之前曾先后两次考取两所大学，但都未毕业。学校便让辅导员向小贾了解一下情况。学校的举动让小贾非常不满，他认为学校在未经自己同意的情况下，擅自利用自己的身份证号查询自己的求学经历，这是对自己隐私权的侵犯。于是，小贾在父母的陪同下，将此事诉至人民法院，要求学校承担相应的民事责任。小贾的诉讼请求能得到人民法院的支持吗？

人格权通常可以被分为物质性人格权和精神性人

格权。物质性人格权包括生命权、身体权和健康权；精神性人格权包括姓名权、肖像权、名誉权、隐私权等。根据《民法典》第998条的规定可知，法律赋予了生命权、身体权和健康权凌驾于其他权利之上的崇高地位，对这三种物质性人格权给予了绝对尊重。但这并不代表所有的人格权都可以凌驾于其他权利之上。这是因为，如果对人格权的保护过于绝对，必然会引起人格权与其他权利的冲突，因此，法律规定，认定行为人承担侵害除生命权、身体权和健康权之外的人格权的民事责任时，必须进行综合考量。

在认定侵害精神性人格权的民事责任时，应当考虑的因素包括：

（1）考虑行为人和受害人的职业、影响范围、过错程度；

（2）考虑行为的目的、方式、后果等因素。

在本案例中，小贾通过统招考试被某大学录取，该大学是在小贾报考及办理入学手续时获得他的相关个人信息的，获得方式是合法的。另外，根据教育部《高等学校学生学籍学历电子注册办法》的规定可知，高等学校有权对“按国家规定录取的高等学历教育学生取得的学籍、获得的学历证书（含通过高等教育自学考试获得的毕业证书）进行在线审核、电子标注、数据备案和网上查询”。由此可见，该大学有权在相关网站上利用小贾的身份证号查询小贾的求学、就读信息，这不是侵犯小贾的隐私权。因此，小贾的诉求不能得到人民法院的支持。

法典在线

《中华人民共和国民法典》第九百九十八条　认定行为人承担侵害除生命权、身体权和健康权外的人格权的民事责任，应当考虑行为人和受害人的职业、影响范围、过错程度，以及行为的目的、方式、后果等因素。

9 新闻报道中可以公布民事主体的肖像吗？

王小强夫妇回老家探亲时，听说了一件令人痛心的事情。岳某、贾某夫妇婚后育有一女，名叫小琴。岳某是一名货车司机，跑长途的时候，妻子贾某有时也会跟着一起。由于无暇照顾8岁的女儿小琴，岳某、贾某经常会把小琴放到孩子的姑姑家，请他们帮忙照料。谁知，小琴的姑父卢某见小琴弱小无助，竟然色心大起，强奸了她。卢某因犯强奸罪被判了刑。岳某、贾某夫妇就此事接受了某电视台的采访。在采访之前，岳某、贾某夫妇提出，要对采访画面进行技术处理，不可将他们的形象公之于众，电视台应允。可是事后，岳某、贾某发现该电视台在节目中报道此事的时候，对采访画面未作任何技术处理，岳某、贾某的形象都被公布于电视屏幕上。岳某、贾某将该电视台告上法庭，以其侵犯个人隐私为由，要求该电视台进行精神损害赔偿。岳某、贾某的要求能得到人民法院的支持吗？

本案例是关于合理使用他人人格要素的法律适用问题。新闻媒体作为传播信息的介质，在实施新闻报道、舆论监督的过程中，即便未取得民事主体的同意，也可以使用民事主体的部分人格要素。但是必须是合理的，否则具有违法性，需要承担相应的民事责任。

那么哪些情况属于对他人的人格要素的不合理使用呢？

（1）没有正当事由，不是为公共利益实施新闻报道、舆论监督等行为；

（2）使用的人格要素超出了法律规定的范围；

（3）不在正当使用的范围之内。

案例中的电视台在行使舆论监督的职能进行新闻报道时，对新闻事件的当事人进行采访、报道并播出相关的采访视频是可以的，但在这个过程中要注意尊重和保护当事人的隐私。我国《民法典》规定，自然人享有隐私权。任何组织或者个人不得以刺探、侵扰、泄露、公开等方式侵害他人的隐私权。而该电视台在新闻事件当事人提出不可将他们的形象公之于众的情况下，仍然在新闻报道中未作适当处理，属于对他人的人格要素的不合理使用。故而，该电视台侵害了当事人的人格权，应承担相应的民事责任。岳某、贾某要求该电视台进行精神损害赔偿，人民法院应予以支持。

法典在线

《中华人民共和国民法典》第九百九十九条　为公共利益实施新闻报道、舆论监督等行为的，可以合理使用民事主体的姓名、名称、肖像、个人信息等；使用不合理侵害民事主体人格权的，应当依法承担民事责任。

在网络化、信息化高度发达的今天，媒体对社会的发展起到了极大的促进作用，然而一些缺乏职业道德和职业操守的不良媒体的出现，又使得侵害自然人名誉权、隐私权等事件时有发生。社会的发

展离不开媒体和舆论的监督，同时新闻报道、舆论监督等行为又需要明确的法律进行规范。《民法典》第 999 条对新闻报道和舆论监督等行为中“合理使用”的限制作了规定，体现出了显著的时代针对性。

10 如果侵害人拒不赔礼道歉，怎么办？

王小强的堂哥王小斌是一名小有名气的作家，由于工作的关系，他有时会与一些演员、编剧、导演等有些互动。近日，他在微博上看到某营销号发布的一篇文章，虚构其插足某女编剧家庭。该文章写得煞有其事，并进行了大肆渲染，转发量已经过千。王小斌非常气愤，他联系了微博平台方和该文章的发布者，说明了文章不属实的情况，要求删除该文章，并要求发布者在微博澄清事实，并赔礼道歉。然而发布者只是删除了该文章，既不澄清事实，也不赔礼道歉。面对这种情况，王小斌应如何维护自己的合法权益呢？

按照《民法典》的规定，人格权受到侵害的，受害人有权依照本法和其他法律的规定请求行为人承

担民事责任。那么行为人应以何种方式承担民事责任呢？王小斌的要求是否合理呢？

按照《民法典》的规定，行为人因侵害人格权承担民事责任的：

（1）应当与行为的具体方式相当。例如，给他人造成恶劣影响的应当消除影响，损害他人名誉的应当恢复名誉。另外，在特定网络媒体上造成的损害，应当在该网络媒体上澄清事实、消除影响。

（2）应当与行为造成的影响范围相当。如在执行消除影响、恢复名誉等行为时不能扩大范围，例如，某地报刊上的一篇文章涉及诽谤、侮辱，不能要求行为人在全国发行的报刊上消除影响。

如果行为人拒不承担前款规定的民事责任，《民法典》又规定了人民法院可以对这些民事责任方式进行强制履行，即人民法院可以采取在报刊、网络等媒体上发布公告或者公布生效裁判文书等方式执行。

案例中，文章的发布者罔顾事实，虚构了王小斌插足某女编剧家庭，侵害了王小斌的名誉权。王小斌要求行为人消除影响、恢复名誉、赔礼道歉，是合情合理的。而行为人拒不赔礼道歉，王小斌可以将诉讼请求诉至人民法院，如果人民法院判决行为人澄清事实、赔礼道歉，行为人不执行的话，人民法院可以采取在报刊、网络等媒体上发布公告或者公布生效裁判文书等方式执行。

法典在线

《中华人民共和国民法典》第一千条 行为人因侵害人格权承担消除影响、恢复名誉、赔礼道歉等民事责任的，应当与行为的具体方式和造成的影响范围相当。

行为人拒不承担前款规定的民事责任的，人民法院可以采取在报刊、网络等媒体上发布公告或者公布生效裁判文书等方式执行，产生的费用由行为人负担。

11 对身份权利的保护也适用于《民法典》人格权编的规定吗?

和王小强同一小区的曹某夫妇的遭遇，让王小强深感同情。曹某夫妇育有一子，名叫曹飞。近日，在一次体检的过程中，曹某发现自己和妻子都是O型血，而儿子竟然是A型血。这让曹某夫妇对他们和儿子的亲子关系产生了怀疑，于是他们怀着忐忑的心情去做了亲子鉴定。鉴定结果显示，曹飞与曹某夫妇均不具有生物学亲子关系。

曹飞是在某妇产医院出生，出生后，医院将母婴分开，进行单独护理。因此，曹某夫妇怀疑是医院把孩子抱错了。曹某夫妇愁得直哭，15年过去了，他们不知道到哪里去找回他们的亲生孩子。王小强建议他们把孩子的条件列出来，通过电视台寻亲。在电视台的帮助下，果然有一对符合条件且心中有怀疑的庞某夫妇打来了电话。经过亲子鉴定，确认庞某夫妇为曹飞的生物学父母，而庞某夫妇的儿子庞小超与曹某夫妇有生物学亲子关系。

这件事给曹某夫妇和曹飞带来了极大的痛苦，他们将此事诉至人民法院，要求那家妇产医院对其进行精神损害赔偿。他们的诉讼请求能得到人民法院的支持吗?

本案例是关于自然人身份权保护的法律适用问题。身份权是自然人因婚姻家庭关系等产生的相互之间享有的人身和财产方面的权利，其因为结婚、收养等行为而产生，因离婚、解除收养关系等行为而消失。通常来说，自然人的身份权主要包括配偶权、亲权和亲属权。

身份权对每一个自然人的重要性不言而喻，因此，我国《民法典》规定，对自然人因婚姻家庭关系等产生的身份权利的保护，适用《民法典》总则编、《民法典》婚姻家庭编等的规定；没有规定的，可以参照《民法典》人格权编的有关规定。

在本案例中，曹某的妻子在某妇产医院进行生产，该妇产医院采取母婴分离的护理模式，当产妇出院时，才将婴儿交给父母。曹某夫妇和庞某夫妇与两个孩子曹飞、庞小超做的亲子鉴定的结果，可以证明是因为该妇产医院的疏忽，造成了孩子抱错的事实。该妇产医院的过错给受害者的精神带来了极大的痛苦。根据《民法典》总则编第112条的规定，自然人因婚姻家庭关系等产生的人身权利受法律保护，可以判定该妇产医院的行为侵犯了曹某夫妇和曹飞因家庭关系产生的身份权，应承担相应的民事责任。而关于诉讼时效的问题，我们可以参照《民法典》人格权编关于人格权保护的有关规定，自然人请求侵权人承担消除影响、赔礼道歉等民事责任时，不适用诉讼时效的规定。因此，曹某夫妇和曹飞的诉讼请求应当得到人民法院的支持。

法典在线

《中华人民共和国民法典》第一千零一条　对自然人因婚姻家庭关系等产生的身份权利的保护，适用本法第一编、第五编和其他法律的相关规定；没有规定的，可以根据其性质参照适用本编人格权保护的有关规定。

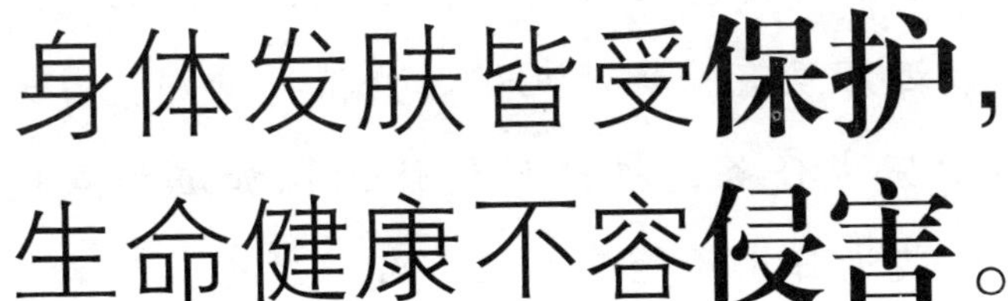

第二章

1 工人意外死亡，到底是谁之过？

王小强的远房表舅陶某，是某机械厂的一名工人。最近厂里有一批活儿被客户催得特别紧，为了能尽快完成任务，机械厂便让工人加班加点地赶工。陶某近日由于频繁加班，疲劳过度，于某日夜间在工作时出了意外。陶某被工厂负责人送至医院后，经抢救无效而死亡。

陶某的家属要求机械厂赔偿70万元，可机械厂认为陶某的死亡主要是他自己工作疏忽造成的，只答应赔偿15万元。双方争执不下，陶某的家属将此事诉至人民法院。那么陶某的主张能得到人民法院的支持吗？

本案例是关于生命权的法律适用问题。生命权是

法律赋予自然人的以生命维持和生命安全为内容的权利。生命权是人类固有的、第一位的人格权，是其他一切权利的基础和前提。生命权的内涵是“自然人的生命安全和生命尊严受法律保护”，这强调了生命安全和生命尊严同等重要，均受法律保护，体现了《民法典》人格权编维护生命安全和人格尊严的立法宗旨。

生命权的内容包括：

（1）生命享有权。自然人享有生命权。

（2）生命维护权。当生命权被侵害之时，自然人有权维护生命安全。这既可以自力救济，包括正当防卫、紧急避险等，也可以请求官方救济。

（3）生命支配权。此条内容主要针对生命尊严方面。

（4）生命保护请求权。生命保护请求权的对象包括司法机关、行政机关、负有法定救助义务的组织和个人等。

在这个案例中，陶某和某机械厂构成了雇佣劳务关系。作为雇主，该机械厂应该为雇员的生命、健康着想，可该机械厂为了尽快完成任务，在明知工人疲劳状态容易出危险的情况下，仍要求工人继续施工，属于用人单位违反安全技术操作规程，不顾工人的生命安全，最终导致了悲剧的发生。所以，当陶某因伤死亡后，该机械厂理应承担责任，进行赔偿。至于赔偿的具体金额，包括工亡补助金、丧葬补助金、供养亲属抚恤金等，应按照相关法规和当地居民的人均收入等来计算。

法典在线

《中华人民共和国民法典》第一千零二条　自然人享有生命权。自然人的生命安全和生命尊严受法律保护。任何组织或者个人不得侵害他人的生命权。

将女友头发剃掉，要承担责任吗？

薛丽的闺蜜小罗和男友小唐谈恋爱已有两年，因为小罗容貌出众，小唐总是疑神疑鬼，担心小罗出轨，为此这对情侣没少吵架。

某日下班后，小罗所在的部门出去聚餐，结束后已经很晚了，同事小张因为和小罗顺路，便送她回家。为此，小唐醋意大发，和小罗大吵了一架。小罗感觉小唐的行为让她身心俱疲，她不想再吵，就回卧室睡觉了。小唐越想越气，冲动之下，他拿起剪刀剪掉了小罗的满头长发。这还不解气，他又拿起电推剪给小罗剃头。在响动之下，小罗醒了过来，她尖叫着一把推开小唐，但已经来不及了，她的头顶上已经露出了一大块头皮。小罗当晚就哭着搬到了姐姐家里住。

这件事给小罗带来了巨大的伤害，她没办法再出去工作，每天就把自己锁在房间里，以泪洗面。渐渐地，她患上了焦虑症，夜夜失眠。薛丽知道了闺蜜的遭遇后，劝她到人民法院起诉小唐，让他赔偿误工费、医药费等。小罗很想为自己讨回公道，可是小唐也没动手打她，只是剪掉了她的头发，她不知道小唐这样算不算侵害了自己的权益。

这个案例主要是涉及身体权的法律适用问题。自然人的身体，是由头颅、肢体、器官、其他组织以及附属物（如头发、眉毛、指甲等）所构成的一个整体。按照《民法典》的规定，自然人享有身体权。自然人的身体完整和行动自由受法律保护。任何组织或者个人不得侵害他人的身体权。身体权包括两部分：

（1）身体完整。自然人的身体完整受法律保护，具体来说包括三个方面：其一，自然人享有维护其身体组成部分完整的权利。身体完整，即整个肉体的完整，既包括体外的四肢，也包括体内的器官等。除了自然人先天原生的组成部分外，自然人身上还有可能存在后天附加的部分。法律规定，对于自然人不能够自行装卸的人工附加部分，如义眼、假肢、义齿等，受到了侵害，也构成侵害身体权。其二，自然人享有支配其肢体、器官和身体组织的权利。其三，自然人享有保护身体不受他人侵犯的权利。

（2）行动自由。自然人的行动自由受法律保护。以非法拘禁等方式剥夺、限制他人的行动自由，或者非法搜查他人身体的行为都要承担民事责任。

由此可见，案例中的小唐剪掉女友小罗头发的行为，破坏了小罗身体的完整性，侵害了小罗的身体权，小罗可以到人民法院起诉小唐，要求其承担相应的民事责任。

法典在线

《中华人民共和国民法典》第一千零三条　自然人享有身体权。自然人的身体完整和行动自由受法律保护。任何组织或者个人不得侵害他人的身体权。

3 拔火罐时被烧伤，应如何维权？

一次，茉莉在进行拔火罐的过程中，由于店家操作失误，茉莉的后背被烫伤了一大块。到医院进行治疗后，其后背留下了难看的疤痕。这件事不但给茉莉的身体造成了痛苦，她还因此耽误了大量的工作。由于这件事完全是店家的责任，店内的工作人员及时将茉莉送往医院，并支付了医药费、住院费。可是，茉莉身上留下了明显的疤痕，后续还需要到医院修复疤痕，并且她现阶段无法继续模特的工作，在财产利益方面的损失是很大的。于是，王小强便陪表妹茉莉去找店家协商，要求店家赔偿祛疤痕的费用和误工费。但是店家只答应赔偿祛疤痕的费用，对于误工费他们不予赔偿。于是，茉莉便在王小强的建议下，将该店告上法庭，要求其赔偿误工费。茉莉的诉讼请求能得到人民法院的支持吗？

本案例是关于侵害健康权的法律适用问题。所谓健康权，是指法律维护自然人的身体机能正常运转和功能良好发挥的权利。按照《民法典》的规定，自然人享有健康权。任何组织或者个人不得侵害他人的健康权。侵害健康权的损害事实包括3个方面：

（1）健康受损。如外伤、内伤、疾病等。

（2）因健康受损导致的财产方面的损失。如医疗费、误工损失等。

（3）精神受损。因健康权受损害导致的受害人精神上的创伤。

另外，我们要注意身体权和健康权的区别：

（1）身体权，是指自然人享有身体完整和行动自由的权利，维护的是自然人身体组织的完整性、自由性；健康权，是指自然人的身心健康受法律保护，强调的是身体机能正常运作。

（2）从一定程度上来说，身体权体现了自然人对自己身体组成部分的支配性，而健康权没有这样的性质。

案例中的茉莉被烫伤后，受了外伤，这是健康受损，因此是被侵犯了健康权。除健康受损之外，她还因此耽误了自己的工作，后续又得进行疤痕修复，蒙受了巨大的财产损失。因此，茉莉要求店家赔偿误工费是合情合理的，人民法院应当予以支持。

法典在线

《中华人民共和国民法典》第一千零四条　自然人享有健康权。自然人的身心健康受法律保护。任何组织或者个人不得侵害他人的健康权。

肇事逃逸者被撞死，追赶他的群众要负责吗？

某日，驾驶一辆摩托车的白某在一个丁字路口将骑自行车的李某撞倒，致使李某受伤昏迷。白某却立即驾车逃逸。

事发当时，王小强的堂哥王小刚正好驾车经过，目睹了全过程。发现白某肇事逃逸的行为后，他立即驾车追赶。在追赶的过程中，王小刚及时报了警。白某见有人追赶，情绪激动，威胁王小刚道："你别跟着我，你再追信不信我一头撞死！" 王小刚劝道："你撞了人，是要负责的，那个人只是受了伤，你自首就行了。" 白某听后仍然急速行驶，王小刚警告他路上来往车辆多，要当心。随后，为了摆脱王小刚，白某弃车翻过铁路护栏，走到了两条铁轨中间。王小刚也下车，高声提醒白某离开铁轨。之后，白某被驶来的火车撞倒，当场死亡。

白某的大哥认为王小刚应对白某的死负责，要求王小刚进行赔偿。那么，追赶肇事逃逸者的王小刚是否应对白某的死亡负责呢？

自然人的生命权、身体权、健康权是最基本的人权，因此法律为其提供了特别的保护，规定负有法定救助义务的组织或者个人应当对生命权、身体权、健康权受到侵害或者处于其他危难情形的自然人及时施救。这一规定强化了对自然人基本人身权利的保护，是《民法典》人文关怀的体现。

特定救助义务包括以下几种类型：

（1）特殊职业的法定救助义务。如人民警察、医生、消防员等负有及时施救的义务。

（2）合同附随的救助义务。同人身安全关系密切的合同，合同当事人则负有相应的救助义务。

（3）法定安全保障义务。公共场所的管理人或者群众性活动的组织者，须尽安全保障义务。

（4）先行行为救助义务。如结伴出去登山的参与者负有互相救助的义务。

（5）特殊身份关系人的救助义务。特殊身份关系衍生出了互相救助的义务，包括监护人的救助义务和亲属的救助义务。

在本案例中，白某驾驶摩托车将李某撞伤后逃逸，按照道路交通安全法的规定，其行为违法。王小刚作为肇事现场的目击者，及时向公安机关报了警，并驾车追赶白某，敦促白某投案自首，他的行为不存在违法性。王小刚作为普通公民，本没有追赶肇事者的法定义务，但他愿意挺身而出，属于见义勇为，是值得鼓励的，不应认定为侵权行为。在追赶的过程中，白某情绪激动，王小刚对其进行了安抚和劝阻，还多次高声提醒白某注意安全。白某作为成年人，对火车运行区间存在极大危险，应是有明确认知的，其应对自己的行为负责，而王小刚对白某不负法定救助义务。因此，白某的死亡与王小刚的追赶行为之间不具有法律上的因果关系，王小刚不需要对白某的死亡负责。

法典在线

《中华人民共和国民法典》第一千零五条　自然人的生命权、身体权、健康权受到侵害或者处于其他危难情形的，负有法定救助义务的组织或者个人应当及时施救。

5 父母可以做主捐赠子女的遗体吗？

王小强的表姨陈晨同丈夫收养了3个地震中的孤儿后，一家人其乐融融，令人歆羡。然而天有不测风云，他们的大儿子阳阳在一次意外中不幸身故。闻此噩耗，陈晨同丈夫悲痛欲绝。阳阳曾经说过，自己死后希望可以捐献遗体，帮助更多的人。陈晨同丈夫想，既然孩子已经不在了，何不把他的遗体捐赠出去，做些有意义的事情？那么，父母可以做主捐赠子女的遗体吗？

本案例是关于无偿捐献人体细胞、组织、器官和遗体的法律适用问题。人体捐献其实就是自然人行使其身体组织支配权的具体方式。根据《民法典》的规定，捐献人体细胞、组织、器官和遗体应符合以下四个基本原则：

（1）自愿原则。完全民事行为能力人应自愿决定是否捐献，任何组织或者个人不得强迫、欺骗、利诱其捐献。人体捐献牵涉自然人的人格尊严，获得捐献者的同意，是人体捐赠务必遵循的前提。

（2）无偿原则。禁止给予捐献者任何报酬或好处，禁止器官买卖。此处应当注意的是，依据法律规定，对捐赠人或者近亲属进行的补助、补偿等是允许的。

（3）采取法定形式要件原则。完全民事行为能力人同意捐献其人体细胞、组织、器官和遗体，应当采用书面形式，也可以订立遗嘱。

（4）推定同意原则。自然人生前未表示不同意捐献的，该自然人死亡后，其配偶、成年子女、父母可以共同决定捐献，决定捐献也应当采用书面形式。由此可知，死后捐献的情形，不需要死者有明确表示，只要不反对即可。这里还应注意，如果有配偶、成年子女、父母故意杀害死者的情况，则其不具有决定捐献权。

本案例中的阳阳生前有愿意捐献遗体的意思表示，其父母又具有决定捐献权，因此，他们共同决定后，可以捐献阳阳的遗体，但应当采用书面形式。

法典在线

《中华人民共和国民法典》第一千零六条　完全民事行为能力人有权依法自主决定无偿捐献其人体细胞、人体组织、人体器官、遗体。任何组织或者个人不得强迫、欺骗、利诱其捐献。

完全民事行为能力人依据前款规定同意捐献的，应当采用书面形式，也可以订立遗嘱。

自然人生前未表示不同意捐献的，该自然人死亡后，其配偶、成年子女、父母可以共同决定捐献，决定捐献应当采用书面形式。

如今越来越多的人意识到遗体、器官等捐献的意义，加入遗体、器官等自愿捐献的行列中来。为促进医疗卫生事业的发展，延续更多人的生命，鼓励遗体或器官等捐献的善行义举，《民法典》第

1006条确立了人体细胞、人体组织、人体器官、遗体捐献的基本规则，同时明确强调了自愿原则和无偿原则。

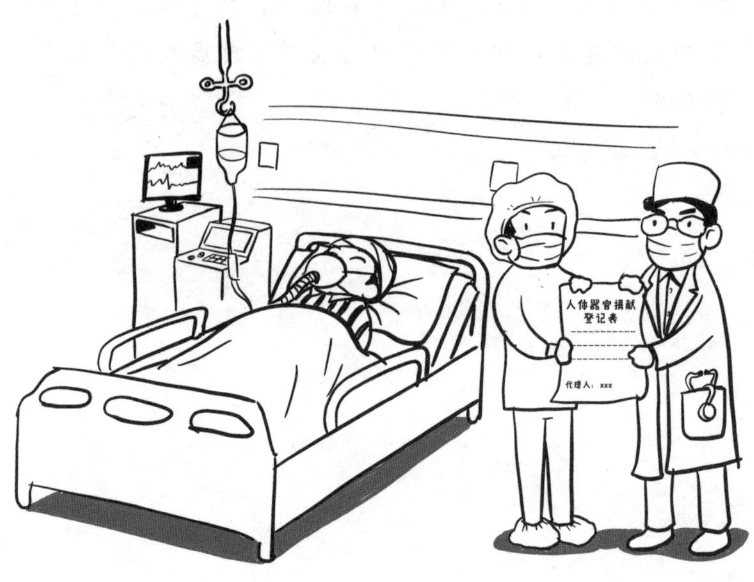

人体器官的捐献对于救助生命有非常重要的价值，符合法律规定的器官捐献行为，受法律保护和鼓励。

6 孩子急需换肝，可以去买别人的吗？

王小强的同事岳朋和妻子卢妍的儿子小海，小小年纪就得了严重的肝病。要想救活小海，需要进行肝脏移植，可是等了很久，还是没有等到合适的肝脏。看着躺在床上被疾病折磨得奄奄一息的儿子，岳朋夫妇心急如焚。

一次，王小强到医院探望小海的时候，岳朋表示，他听说在黑市可以买到器官，他想着要不要去打听一下，即便是高价购买，能救回儿子的性命也是值得的。王小强忙说："你可千万别这么做，我知道你心焦，但是法律禁止买卖人体器官，这种行为是犯法的！" 王小强说得对吗？岳朋可以为了救儿子的性命去买人体器官吗？

岳朋不能这样做，买卖人体器官的行为是违反

法律规定的，对此我们必须有明确的认识。基于人格尊严的理念，每一个自然人的身体都应当得到尊重。如果不禁止人体器官买卖，在暴利的驱使下，人性之恶将被无限放大，贩卖人口、暴力等犯罪行为将会泛滥。因此，《民法典》明确规定，人体捐赠只能是无偿的，任何形式的买卖人体细胞、人体组织、人体器官、遗体的行为都是被禁止的。任何人体细胞、人体组织、人体器官、遗体都是人的身体的组成部分，人的身体的变异物，也不可成为交易的对象。

由此可见，任何进行人体细胞、人体组织、人体器官、遗体买卖的行为都是违法的，而且是无效的。所以，即便是为了救儿子的性命，岳朋也不可以去黑市买人体器官。

法典在线

《中华人民共和国民法典》第一千零七条　禁止以任何形式买卖人体细胞、人体组织、人体器官、遗体。

违反前款规定的买卖行为无效。

器官移植技术在为患者带来福音的同时，也催生了人体器官买卖的黑色产业链。在利益的驱使下，器官买卖的行为屡禁不止。器官买卖，本质上是把人体当作商品，这是对人格尊严的极大亵渎，违反了社会伦理观念。为了保护自然人的生命尊严，《民法典》第 1007 条规定，禁止以任何形式买卖人体细胞、人体组织、人体器官、遗体，若违反则买卖行为无效。此条规定适应了时代发展的需要，同时，也是审判实践的需要，体现了《民法典》对人格尊严的重视。

7 临床试验的过程中出现意外，可以获得赔偿吗？

王小强的婶婶潘桂花患心血管疾病已经很多年了，平时得靠药物控制。最近她又因为高血压、冠心病住进了某医院。该院研究了一款治疗冠心病的新药，打算进行药物临床试验。院方把这个情况同潘桂花说了，因为这个新药正对潘桂花的病症，希望她可以成为这个试验的受试者。

院方反复申述新药正对潘桂花的病症，但对临床试验面临的风险却并未提及。之后，潘桂花和儿子王小军签署了《受试者知情同意书》和《受试者代理人知情同意书》，表示自愿参加由某公司申办并资助，由某伦理委员会审查通过，并在该医院实施研究的临床试验项目。

潘桂花在该院领取并服用该药品半个月后，某日身体突感不适，后经治疗无效死亡。王小军认为作为研究机构的这家医院和作为临床试验项目申办者的这家公司都对潘桂花的死亡负有不可推卸的责任，于是将两方告到人民法院，要求进行赔偿。王小军的诉求能否得到人民法院的支持呢？

为了提高医疗科学水平，更好地为人类的健康服务，法律是准许对自愿者进行临床试验的。接受人体试验是一种高尚的行为，因此，法律尊重和保护这种行为。

临床试验的范围包括：

（1）研制新药；

（2）研制新医疗器械；

（3）发展新的预防方法；

（4）发展新的治疗方法。

超出这个范围进行的临床试验，都是违法的，都是侵害受试者的身体权、健康权的行为。

临床试验的程序包括：

（1）依法经过相关主管部门的批准；

（2）经过医疗机构的伦理委员会审查同意；

（3）须向受试者或者其监护人履行告知义务；

告知的内容是试验目的、用途和可能发生的风险等，而且务必详细告知；

（4）接受临床试验者须有书面同意，口头同意不发生效力。

符合上述规定试验范围和试验程序的临床试验才是合法的临床试验。

我国法律规定，在进行临床试验的过程中，研究机构应向受试者或者受试者的监护人告知试验目的、用途和可能产生的风险等详细情况。在这个案例中，医院方面确实未尽到法律规定范围内的告知义务，是存在过失的，且其过错行为与潘桂花死亡存在因果关系，因此，该医院应承担责任。同时，某公司属于申办者，负责发起、申请、组织和监督这项临床试验，其在该医院进行临床试验的过程中未尽到充分的监督责任，也应在其过错范围内承担责任，包括死亡赔偿金、精神损害抚慰金、丧葬费等。临床试验受试者的权益、安全和健康必须高于对科学和社会的利益，这印证了《民法典》以人为本的价值理念。

法典在线

《中华人民共和国民法典》第一千零八条 为研制新药、医疗器械或者发展新的预防和治疗方法，需要进行临床试验的，应当依法经相关主管部门批准并经伦理委员会审查同意，向受试者或者受试者的监护人告知试验目的、用途和可能产生的风险等详细情况，并经其书面同意。

进行临床试验的，不得向受试者收取试验费用。

为促进医疗学科学技术的发展，造福人类，临床试验是必不可少的。为严格规范相关试验活动，保护受试者的生命安全和身体健康，《民法典》明确了临床试验的相关条件，包括依法批准、伦理委员会审查和告知并经受试者书面同意。

8 遭遇性骚扰，该如何保护自己？

王小强的表妹孙珊大学毕业后找的第一份工作，是在一家广告公司担任销售。孙珊容貌姣好、声音甜美、性格大方，很快和同部门的领导、同事们打成了一片。可是，最近孙珊却遇到一件烦心事。

孙珊发现销售经理总是借故骚扰自己。每次，销售经理来孙珊工位指导工作的时候，总要借机拍拍她的肩膀、后背，或是摸摸她的头发。有时，孙珊去销售经理的办公室汇报工作的时候，销售经理还经常用言语挑逗她，并且借机和孙珊进行亲密的身体接触。这件事让孙珊苦恼极了，她好不容易才找到这份工作，她不想辞职，可是因为工作，她又不可能不与销售经理打交道。同事们劝孙珊要隐忍，可是孙珊的隐忍却换来销售经理的变本加厉，他经常在晚上通过微信给孙珊发一些黄色图片，他出去谈工作的时候还要求孙珊陪同。那么，面对职场性骚扰，孙珊该如何保护自己呢？

首先，何为性骚扰呢？性骚扰行为是违背权利人的意愿，对权利人实施了与性有关的行为，侵害了权利人的性自主权。对此，《民法典》作了明确规定。认定性骚扰的关键是“违背他人意愿”。侵害的形式包括言语、文字、图像、肢体行为等，像发送黄色图片、说一些淫秽话语等都属于性骚扰行为。同时，本条的保护主体不限于女性，男性同样受本条规定的保护。

其次，遭遇性骚扰，如何寻求帮助呢？《民法典》关于性骚扰侵权还规定，机关、企业、学校等单位应当采取合理的措施，防止和制止利用职权、从属关系等实施性骚扰。法律规定了机关、企业、学校等单位有防范和制止性骚扰行为的义务，此举有助于在很大程度上预防和减少性骚扰行为的发生。

在本案例中，销售经理经常用言语挑逗孙珊，通过微信给孙珊发黄色图片，借机和孙珊进行亲密的身体接触，这些行为均属于性骚扰行为。孙珊可以先向供职的广告公司投诉，因为按照《民法典》的规定，该广告公司有防范、制止和处置性骚扰的义务，该广告公司应实际调查此事，并根据情况采取措施，预防和制止对员工的性骚扰。如果该广告公司没有采取有效的措施制止性骚扰，孙珊有权依法请求行为人和用人单位共同承担民事责任。

法典在线

《中华人民共和国民法典》第一千零一十条 违背他人意愿，以言语、文字、图像、肢体行为等方式对他人实施性骚扰的，受害人有权依法请求行为人承担民事责任。

机关、企业、学校等单位应当采取合理的预防、受理投诉、调查处置等措施，防止和制止利用职权、从属关系等实施性骚扰。

近年来，性骚扰成为社会关注的热点话题。有调查显示，职场和校园里发生的性骚扰事件是最为常见的，地铁、公交车上等人流密集的公共场所也

是性骚扰频发之地。长期以来，对于性骚扰，我国法律缺乏明确而详细的规定。而《民法典》第 1010 条首次对性骚扰作了较为详细的规定，不但规定了性骚扰的认定标准，还规定了机关、企业、学校等单位有防止和制止性骚扰的义务。此法条使我国对性骚扰受害人的保护力度进一步加大，是《民法典》的一大亮点。

9 商场工作人员可以搜查顾客身体吗？

茉莉平时拍摄工作密集，近日难得有空闲，她便独自去逛商场，打算买几件衣服。进入一家店面后，茉莉正专心看衣服，一位导购突然说自己的手机丢失了。店里的工作人员立刻拦住了店门，不让店里的顾客出去。丢失手机的导购提出要对在场的顾客进行搜身。茉莉听后，脸色顿时一变，说道："你们无权搜查我的身体！"可店内的工作人员振振有词，称谁不愿意被搜身谁就是心虚。随后，工作人员对店内的两位顾客强行进行了搜身，结果并没有搜到手机，他们这才得以离开。这件事让茉莉非常气愤，她有权请求行为人承担民事责任吗？

小强说法

本案例是关于侵害人身自由权的法律适用问题。人身自由利益属于身体权的保护范围。人身自由权是指自然人在法律范围内有独立行为而不受他人干涉、妨碍的权利。按照《民法典》的规定，侵害人身自由权的行为主要有两种类型：

（1）剥夺、限制他人的行动自由。这里所说的行动自由，指的是身体行动的自由，意志的自由和精神的自由不包含在内。剥夺、限制他人行动自由的方式有很多，绑架、非法拘禁、拘留、非法强制住院治疗等都构成对他人行动自由的侵害。

（2）非法搜查他人身体。超市、商场等工作人员无权因怀疑顾客偷拿东西而搜查顾客身体。非法搜查他人身体，限制他人行动自由，侵犯了被搜查者的人格尊严、人身自由。

所以，本案例中商场的工作人员无权限制顾客的行动自由，并搜查顾客身体。那名丢失手机的导购，如果怀疑顾客偷窃，可以打电话报警，让警察来处理。而工作人员拦门并搜身的行为，已经侵犯了顾客的人格尊严和人身自由。因此，茉莉有权请求行为人承担侵权责任。

丢货啦!

收银台

我怀疑小偷就在这几个人里。

收银台

?!?!?!

丢货啦!需要检查你们的随身物品!

收银台

你们这是非法搜身,严重侵犯了人身自由、人格尊严!

非法搜查他人身体,侵犯了被搜查者的人格尊严、人身自由。

法典在线

《中华人民共和国民法典》第一千零一十一条　以非法拘禁等方式剥夺、限制他人的行动自由，或者非法搜查他人身体的，受害人有权依法请求行为人承担民事责任。

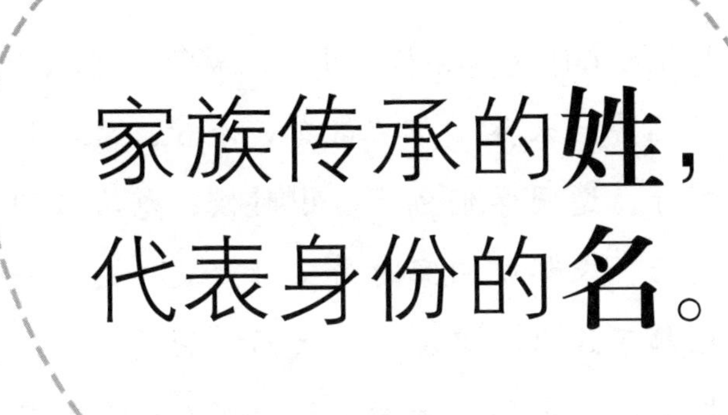

第

1 嫌父母起的名字难听，可以改名吗？

王小强的老同学朱芬从上小学起就有一个烦恼，因为她的名字“朱芬”与“猪粪”谐音，为此她没少被起外号，遭同学们嘲笑。小时候，每次被同学们嘲笑过后，朱芬就回家对着父母大哭一通，怪他们给自己起了这么个名字。长大后，她明白了，这也不能怪父母，他们又何尝想这样呢？于是，只能自认倒霉。后来在某次同学聚会上，王小强告诉朱芬，只要她愿意，是可以改名字的。朱芬的眼睛瞬间亮了起来，真的是这样吗？

姓名由姓氏和名字组成，是一个自然人在社会中与其他人进行区别的标志和符号，对于社会中的自然人而言是极其重要的。一是满足了社会生活的需要。二是姓名可以进行身份定位。三是具有重要的法律意义。

《民法典》规定，自然人享有姓名权，有权依法决定、使用、变更或者许可他人使用自己的姓名，但是不得违背公序良俗。自然人的姓名权包含以下几层含义：

（1）决定权。又叫命名权，这是自然人选定文字符号作为自己姓名的权利。由于人出生时，无法自己行使这一权利，因而由其亲权人行使命名权。

（2）使用权。姓名权人有权使用自己的姓名，用以与其他自然人区别，并参加各种社会活动。

（3）变更权。自然人有权依法变更自己的姓名，但通常变更的是名，而不是姓。变更姓名时，应当依法向有关机关办理登记手续。

（4）许可他人使用权。姓名权具有专属性，许可他人使用须正当，不得违背公序良俗。

因此，本案例中的朱芬有权更改自己的姓名。18周岁以上的成年人需要变更姓名时，由本人向户口登记机关申请变更登记即可。未满18周岁的未成年人如需变更姓名，由本人或者父母、收养人向户口登记机关申请变更登记即可。

法典在线

《中华人民共和国民法典》第一千零一十二条 自然人享有姓名权，有权依法决定、使用、变更或者许可他人使用自己的姓名，但是不得违背公序良俗。

《中华人民共和国民法典》第一千零一十六条 自然人决定、变更姓名，或者法人、非法人组织决定、变更、转让名称的，应当依法向有关机关办理登记手续，但是法律另有规定的除外。

民事主体变更姓名、名称的，变更前实施的民事法律行为对其具有法律约束力。

在广告宣传中擅自使用他人姓名，违法吗?

王小强的远房表姐苏婉，从小就是“别人家的孩子”，是名副其实的学霸，每次考试都能考年级第一名。可她也曾因自己品学兼优而遇到过麻烦。当时，苏婉还是一名就读于某重点高中的学生。某日，苏婉无意中看到某出版社发行的一套英语杂志的宣传单上赫然写着自己的学校和名字，后面还附有她推荐该杂志的评语。原来，该公司为了降低成本，提高销量，在未征得学生及其家长同意的情况下，便在宣传中擅自使用了苏婉的姓名。苏婉看到后非常生气，因为她并没有订购过该英语杂志，更没有说过那些评价的话语。为维护自己的合法权益，苏婉在学校和家人的支持下，将该出版社告上法庭，要求赔偿。苏婉的诉讼请求会得到人民法院的支持吗?

当今社会中，广告无处不在，那么商品生产者可不可以在广告中使用他人姓名进行宣传呢？根据《民法典》的规定可知，自然人有权依法许可他人使用自己的姓名。姓名权一方面具有强烈的人身专属性，与个人的人格尊严挂钩；另一方面，其在商业活动中又具有经济价值。因此，自然人可以依法许可他人使用自己的姓名参加民事活动。在现实生活中，使用名人的姓名为产品做宣传的情况非常常见。

但是，商品生产者使用他人姓名从事民事活动的前提是，必须得到当事人的同意或授权。对此，《民法典》规定，任何组织或者个人不得以干涉、盗用、假冒等方式侵害他人的姓名权或者名称权。由此可见，如果未经他人许可，盗用他人姓名，将构成对姓名权的侵犯，要依法承担民事责任。

在这个案例中，某出版社在没有得到苏婉同意的情况下，出于降低成本的目的，擅自在广告宣传单中使用苏婉的姓名，其行为已经违反了上述法条的规定，对苏婉的姓名权构成侵犯，应承担法律责任。并且该出版社使用苏婉的姓名进行广告宣传，是为了提高产品的销量，赚取更多的利润，因此该出版社已经在事实上造成了苏婉的实际损失。综上，苏婉要求赔偿的诉讼请求应得到人民法院的支持。

法典在线

《中华人民共和国民法典》第一千零一十二条　自然人享有姓名权，有权依法决定、使用、变更或者许可他人使用自己的姓名，但是不得违背公序良俗。

《中华人民共和国民法典》第一千零一十四条　任何组织或者个人不得以干涉、盗用、假冒等方式侵害他人的姓名权或者名称权。

3 使用他人的企业简称，需要承担责任吗？

王小强的叔叔王常明，几年前曾和志同道合的两个朋友一起创办了北京腾飞旅行社，经过几年的苦心经营，北京腾飞旅行社已经小有名气，并树立了良好的口碑。然而最近一段时间，王常明却发现旅行社的生意变差了，在网上他也发现了一些负面的反馈。

原来，今年北京市又新开了一家旅行社，名叫腾飞国际旅行社。该旅行社由于为旅客安排的食宿条件较差，还经常强制消费者在景点进行消费，所以口碑很差。由于这家旅行社在宣传的时候以“北京腾旅”为简称，而“北京腾旅”一直是北京腾飞旅行社的简称，故而造成了很多消费者对两者混淆，并因此影响了北京腾飞旅行社的生意和声誉。于是，王常明将此事诉至人民法院，要求腾飞国际旅行社立即停止在宣传中使用“北京腾旅”的字样，向北京腾飞旅行社公开道歉，并赔偿损失。王常明的诉讼请求能得到人民法院的支持吗？

本案例是关于侵害名称权的法律适用问题。名称，是指法人及特殊的自然人组合等主体在从事民事活动时使用的文字符号，用以确定和代表自身，并与其他个人和组织区别，是其参加社会活动的前提和基础。名称权，是指法人、非法人组织有权依法决定、使用、变更、转让或者许可他人使用自己的名称，并防止任何组织或者个人以干涉、盗用、假冒等方式侵权的权利。

名称权的内容包括以下几个方面：

（1）名称设定权。为了避免混淆，名称不得与其他名称相同或者相近。

（2）名称使用权。名称权主体对其名称享有独占使用的权利，禁止他人干涉和非法使用。对于侵害名称权的行为，权利人可以请求损害赔偿。

（3）名称变更权。名称权主体依法享有变更名称的权利。

（4）名称转让权。名称权主体将其名称连同其营业或者营业的一部分有偿或者无偿转让给他人的权利。名称权转让有全部转让和部分转让之分。

（5）许可他人使用。许可他人使用企业名称也是名称权行使的重要形式，一般采用签订合同的方式授权。

在本案例中，腾飞国际旅行社未经北京腾飞旅行社许可，在宣传的过程中擅自使用“北京腾旅”字样，造成了消费者对两者的混淆，损害了北京腾飞旅行社的合法权益。腾飞国际旅行社与北京腾飞旅行社为同行业的竞争者，在明知北京腾飞旅行社的企业名称及简称享有较高知名度的情况下，仍擅自使用，有利用他人的知名度达到宣传、推广自己的目的，其行为属于不正当竞争行为。王常明要求腾飞国际旅行社立即停止在宣传中使用“北京腾旅”字样，向北京腾飞旅行社公开道歉，并赔偿损失，是合情合理的，应得到人民法院的支持。

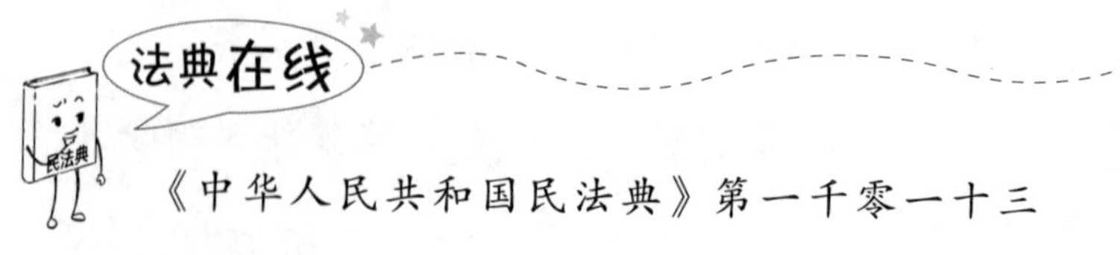

《中华人民共和国民法典》第一千零一十三

条 法人、非法人组织享有名称权，有权依法决定、使用、变更、转让或者许可他人使用自己的名称。

《中华人民共和国民法典》第一千零一十四条 任何组织或者个人不得以干涉、盗用、假冒等方式侵害他人的姓名权或者名称权。

4 被人冒名顶替上学，该如何维权？

王小强的堂哥王小刚从小学习成绩就好，高中毕业的时候，王小刚以优异的成绩考入某大学。然而由于家中贫困，又加上母亲生病，无力支付学费，王小刚只好辍学并外出打工，帮父亲分担家庭重担。可是最近一次偶然的机会，王小刚才得知，他的同班同学叶伟，也就是高中数学老师的儿子竟然冒用了自己的姓名，并顶替自己上了大学。如今，叶伟仍然在用王小刚的名字生活。王小刚感觉很气愤，他该如何维权呢？

本案例涉及以假冒的方式侵害他人的姓名权的法律适用问题。《民法典》规定，任何组织或者个人不得以干涉、盗用、假冒等方式侵害他人的姓名权或者名称权。由此可见，自然人的姓名权和法人、非法人组织的名称权受法律保护，任何组织或者个人不得加以侵害。侵害姓名权或者名称权的方式主要包括以下三种：

（1）干涉他人设定、更改、使用姓名或者名称。干涉是指对他人的行为进行干预。如父母不同意子女变更姓名。

（2）盗用他人姓名或者名称。盗用，是指在他人不同意或未授权的情况下，擅自以他人姓名或者名称实施某种行为。如未经同意使用他人姓名进行商业宣传。

（3）假冒他人姓名或者名称。假冒就是冒名顶替的意思，是指擅自冒用他人的姓名或名称实施某种行为。如假冒他人姓名上大学。

案例中的叶伟为了达到上大学的目的，假冒王小刚的姓名，并顶着王小刚的姓名上学、工作、参加社会活动，侵犯了王小刚的姓名权，应当承担相应的民事责任。帮助他实施侵权行为的人，为共同侵权人，应当承担连带民事责任。

此外，《中华人民共和国刑法修正案（十一）》专门增设了冒名顶替罪，将盗用、冒用他人身份，顶替他人取得的高等学历等行为纳入刑事管辖范畴。

法典在线

《中华人民共和国民法典》第一千零一十四条　任何组织或者个人不得以干涉、盗用、假冒等方式侵害他人的姓名权或者名称权。

5 父母可以随心所欲地给孩子起名吗？

苏婉和丈夫小薛因为共同热爱文学而走到了一起，婚后他们的感情丝毫不减。如今，苏婉怀孕了，为了宝宝出生后能有一个又悦耳又与众不同的名字，他们夫妻两个可谓绞尽脑汁。苏婉翻阅了很多书籍，最后在《诗经》中得到了灵感，她想给孩子取名为“云胡不喜”。对于这个名字，小薛和苏婉都感到满意极了。可是小薛又有些疑问，这个名字既没有随父姓，也没有随母姓，能进行登记吗？

小强说法

姓氏是中华传统文化的重要组成部分，体现了宗族血脉和家族传承，还同社会管理相关。所以，对于姓氏的选择应遵从一定的规范。在我国，子女随父姓或是随母姓是一般规则，在现实生活中，子女随父姓的居多。当然如遇特殊情况，也可以选择除父母姓氏之外的姓氏。那么，什么情形下可以既不随父姓，也不随母姓呢？对此，《民法典》是这样规定的：

（1）在父母姓氏之外还可以选取其他直系长辈血亲的姓氏。父母之外的直系长辈血亲，包括祖父母、外祖父母、曾祖父母、外曾祖父母等直系长辈。例如，随母姓的孩子所生的孩子，也可以选取爷爷的姓氏。

（2）因由法定扶养人以外的人扶养而选取扶养人姓氏。

（3）有不违背公序良俗的其他正当理由。

（4）少数民族自然人的姓氏可以遵从本民族的文化传统和风俗习惯。少数民族往往有其自身独特的传统和习俗。例如，有的民族的名字，是名在前、姓在后；还有的少数民族只有名而没有姓。少数民族的文化传统和风俗习惯应该得到尊重。

由此可见，自然人的姓氏不可以异想天开地随意选择，应按照法律规定进行。在本案例中，苏婉起的“云胡不喜”这个名字，属于凭借自己的喜好自创姓氏，不满足法律规定中所列的可以在父姓和母姓之外选取姓氏的法定情形，因此，是无法进行登记的。

法典在线

《中华人民共和国民法典》第一千零一十五条　自然人应当随父姓或者母姓，但是有下列情形之一的，可以在父姓和母姓之外选取姓氏：

（一）选取其他直系长辈血亲的姓氏；

（二）因由法定扶养人以外的人扶养而选取扶养人姓氏；

（三）有不违背公序良俗的其他正当理由。

少数民族自然人的姓氏可以遵从本民族的文化传统和风俗习惯。

6 高知名度的抖音账号被冒用了，怎么办？

苏婉的好友菁洋从事植物研究工作多年，主编策划了多部科普类图书。她看到现在很多不同年龄段的人都喜欢玩抖音，便想：若是自己也开个抖音账号给大家讲解植物，一定可以达到很好的科普效果。于是，菁洋就开设了一个名为“菁洋说植物”的抖音账号，之后菁洋便兢兢业业地每隔3天左右为大家科普一种植物的相关知识和文化。经过两年的时间，菁洋的抖音账号已经有800多万粉丝。可是某天，菁洋无意中在抖音上刷到了一个视频，其账号也叫“菁洋说植物”，粉丝3000多人。菁洋点进这个抖音账号，发现其内容完全是模仿自己的，对方还大力呼吁粉丝为其转发。菁洋感到非常气愤，可是她不确定高知名度的抖音账号是否受法律保护。

除了姓名和名称以外，《民法典》对笔名、艺名、网名、译名、字号、姓名和名称的简称等都是予以保护的，可参照适用姓名权和名称权保护的有关规定。这是由于笔名、艺名、网名等，其使用人长期在社会上公开使用，公众便会将这些称号与使用人紧密联系起来，因此，它们也就具有了像姓名一样的识别个人身份的作用。但是，笔名、艺名、网名、译名、字号、姓名和名称的简称等毕竟不是登记过的正式姓名和名称，所以这种保护有两个适用条件：

（1）具有一定知名度；

（2）被他人使用足以造成公众混淆。

案例中“菁洋说植物”的抖音账号已经有800多万粉丝，属于具有一定知名度的抖音账号，而这个账号被冒用，内容被模仿，足以造成公众混淆，所以可以判定是侵犯了菁洋的合法权益。菁洋可以联系抖音平台，要求对方立即注销该账号，并赔礼道歉。如果对方不停止侵权、消除影响，菁洋也可以拿起法律武器保护自己。

法典在线

《中华人民共和国民法典》第一千零一十七条　具有一定社会知名度，被他人使用足以造成公众混淆的笔名、艺名、网名、译名、字号、姓名和名称的简称等，参照适用姓名权和名称权保护的有关规定。

新法亮点

为了顺应新时代的要求，推动社会主体个性化发展，《民法典》对于民众在参与各类文学创作、娱乐活动及企业生产经营中形成的各种具有一定社会知名度，被他人使用足以造成公众混淆的笔名、艺名、网名、译名、字号、姓名和名称的简称等，都参照姓名权和名称权的有关法律规定给予保护。此举对于更好地保护民事主体的人格利益有重要意义。

我的肖像我**做主**，侵权有法来**保护**。

第四章

1 整容医院可以擅自使用顾客的照片吗？

茉莉生得皮肤白皙、身材曼妙，唯一的缺点就是鼻子比较塌。于是，开始工作之后，茉莉就省吃俭用地攒钱。在攒了半年的薪水之后，她终于决定去整容。经过一番衡量对比之后，茉莉选择在某医疗美容医院做隆鼻手术。手术做完后，又经过3个月时间的恢复，手术效果很不错，茉莉非常满意。

半年后，某天茉莉在浏览网页的时候，竟然在一则广告中看到了自己的照片。原来该医疗美容医院以茉莉隆鼻前后的照片为案例，进行了广告宣传。茉莉认为这种行为严重侵害了自己的肖像权，而且茉莉认为自己去整容本是一件隐私，她并不想让大家都知道，现在却被医院广而告之。于是，茉莉向人民法院提起诉讼，要求该医疗美容医院立即撤下自己的照片，并请求损害赔偿。

买2送1

XX牌保温杯

咦，这不是我的照片吗？

未经我允许，在商品上使用我的名字和照片，侵犯了我的姓名权和肖像权。

本案例属于肖像权纠纷案。肖像权，是指自然人以在自己的肖像上所呈现的人格利益为内容，依法享有的制作、使用、公开或者许可他人使用个人肖像的权利。自然人的肖像权受法律保护。

肖像权的内容包括：

（1）制作权。权利人可以按照自己的意愿，通过多种艺术表现形式，制作自己的肖像。例如，拍写真。自然人的形象只有通过制作转化为肖像，才能脱离人体而为人们传播和利用。未经权利人同意，不得为他人摄影、作画、写生以及从事其他肖像制作活动。

（2）使用权。权利人可以按照自己的意愿决定自己的肖像如何使用。例如，进行展示和商业化利用等。

（3）公开权。权利人有权按照自己的意愿决定自己的肖像是否可以公开，怎样公开。

（4）许可他人使用权。肖像权在一定程度上可以与权利人相分离，从而产生一定的财产利益。权利人可以与他人协商，签订肖像许可使用合同，准许他人使用自己的肖像，从而获取一定的报酬。

本案例中的茉莉作为自然人，对自己的肖像依法享有专有的权利，但是，某医疗美容医院在没有征得当事人同意的情况下，擅自使用茉莉的照片，用于医院的商业宣传，增加医院的收入，其行为已经构成了对当事人肖像权的侵犯。另外，茉莉的整容照片是不愿向社会公开的，而该医疗美容医院，违背茉莉意愿，泄露她的整容资料，这又侵犯了她的隐私权。所以，茉莉可以依法提起民事侵权诉讼，要求该医疗美容医院停止侵害，恢复名誉，消除影响，赔礼道歉，同时还可以要求该医疗美容医院进行精神损害赔偿。

法典在线

《中华人民共和国民法典》第一千零一十八条　自然人享有肖像权，有权依法制作、使用、公开或者许可他人使用自己的肖像。

肖像是通过影像、雕塑、绘画等方式在一定载体上所反映的特定自然人可以被识别的外部形象。

2 上传她/他人面部打了马赛克的照片，是否侵权了？

王小强的表妹白甜甜热衷时尚，她的男朋友小朋酷爱摄影，于是，他俩尝试着将在大街上拍摄的行人照片放到微博上，再配上白甜甜对行人穿搭的点评和建议。由于担心会有不必要的麻烦，每次上传照片前，小朋都会将行人的面部打上马赛克。尝试了几次之后，街拍效果很好，网友可以通过他们的微博获取当季最潮的时尚信息和诸多实用的穿搭技巧，而且网友对这种街拍的方式也很喜爱，很多人都在满心期待下一次更新。于是，小朋和白甜甜就开始定期更新照片和点评，他们的粉丝数量也越来越多。

然而，他们还是遇到了纠纷。联系他们的人是小周，他说微博照片中有自己的肖像。由于小周脖子和锁骨处有一个特别明显的文身，即使面部打了马赛克，他仍然认为自己还是能被别人认出，因此，要求小朋删除照片。那么，上传小周面部打了马赛克的照片，是否侵犯小周的肖像权呢?

肖像与姓名和名称一样，都是民事主体的外在表征。《民法典》中对肖像的概念进行了定义，即肖像是通过影像、雕塑、绘画等方式在一定载体上所反映的特定自然人可以被识别的外部形象。肖像的要素包括：

（1）以艺术和技术手段为表现方法。如影像、雕塑、绘画等。

（2）须固定在一定的载体之上。镜中影、水中形都不是肖像。

（3）可被识别。肖像具有人格标识的作用。如果呈现的内容无法使公众识别为特定的人，则该载体不是肖像。

（4）自然人的外部形象。这个要素是比较宽泛的，并不专指肖像，也包含了形象权，例如，可供识别的自然人的手、脚等外部形象。

因此，肖像强调面部特征，但更强调可识别性。

给作品中的人物面部打上马赛克，或用其他方式予以遮挡的情况下，如果面部之外的自然人形象不具备可识别性，无法让公众联想某个具体的自然人，那么这种作品就不构成侵害当事人的肖像权。本案例中，小朋虽然给小周的面部打了马赛克，可是小周的脖子和锁骨处纹身，所以，除了面部以外仍然具有明显的可识别性。因此，小朋的行为仍然构成侵权。小周要求小朋删除照片是合理的。

法典在线

《中华人民共和国民法典》第一千零一十八条　自然人享有肖像权，有权依法制作、使用、公开或者许可他人使用自己的肖像。

肖像是通过影像、雕塑、绘画等方式在一定载体上所反映的特定自然人可以被识别的外部形象。

随着手机拍照功能的完善、传播技术的进步和社会的发展，肖像越来越容易被获取，其具有的商业价值也越来越大，但同时也带来了各种情形的侵

权行为，产生了各种各样的肖像权纠纷。《民法典》对于肖像权保护规范进行了极大的扩充与丰富，明确了肖像的定义与保护标准，扩展了肖像权的客体，除面部形象外，只要是能够使普通公众联想特定人物的外部形象，都将纳入肖像权的保护范畴。

3 被"AI换脸"了，怎么办？

青阳在未被毁容之前，是一位资深网民，平日里特别喜欢在微博平台上更新自己的生活日常。由于长相出众，她晒自己照片的频率也非常高。有一次，她在网上无意中看到自己的脸出现在了一则生发液的广告中。广告中展示了一个女人生发前和生发后的照片，那个女人赫然顶着她的脸。但青阳根本没有脱发困扰，也从来没用过生发液。后来，王小强告诉大嫂青阳，那是有人用"AI换脸"技术，将她的脸换到了这则广告中。"AI换脸"侵犯肖像权吗？青阳应该怎么维护自己的合法权益呢？

肖像权作为自然人享有的一项重要的人格权，具有人格权共有的绝对性、专属性、排他性等特征，

任何组织或者个人都不得以任何形式侵害肖像权人的肖像权。《民法典》规定的禁止他人对肖像的贬损性使用的情况主要包括以下几种：

（1）丑化肖像。即在绘画、摄影等制作肖像的过程中将原本的形象变丑，美丑对比参考社会的一般公众认知。

（2）污损肖像。即对肖像载体进行玷污、毁损。需要注意的是，只有达到导致人格尊严受损的程度，才构成侵权。

（3）利用信息技术手段伪造他人肖像等方式。法规中所提到的这一点，针对的正是“AI 换脸”等技术。“AI 换脸”技术的使用是典型的伪造他人肖像的行为。

案例中的“生发液”商家，利用“AI 换脸”这种新兴技术将青阳的脸换到广告中，进行商业宣传，侵犯了青阳的肖像权。青阳可以用法律武器维护自己的合法权益。

《中华人民共和国民法典》第一千零一十九

条　任何组织或者个人不得以丑化、污损，或者利用信息技术手段伪造等方式侵害他人的肖像权。未经肖像权人同意，不得制作、使用、公开肖像权人的肖像，但是法律另有规定的除外。

未经肖像权人同意，肖像作品权利人不得以发表、复制、发行、出租、展览等方式使用或者公开肖像权人的肖像。

在网络时代，利用AI等信息技术手段能实现对人脸的“深度伪造”，完全能达到以假乱真的目的。这项技术在带来创新体验时，也存在被滥用，甚至侵害他人权益的风险。为了保护人们的人格权益，维护社会公共利益，《民法典》作出了明确规定，任何组织或者个人不得利用信息技术手段伪造等方式侵害他人的肖像权，这是《民法典》的新规。同时，由于“换脸”软件可以在一些网站实现购买，因此，网络服务提供者若未尽相应义务可能要承担连带责任。

不以营利为目的，可以擅自使用他人的照片吗？

薛丽从学生时代起，便对传统文化和古代的服饰产生了兴趣，经过多年的研究和学习，在这一领域，薛丽可以说是有自己独到的见解。在网络上，薛丽靠着为大家展示不同形制的汉服和妆发搭配，再加上科普一些不同朝代的礼仪，圈粉无数，人气稳步上升，成了一名小有名气的汉服博主。

最近，薛丽碰上了一件糟心事。在粉丝的提醒下，薛丽看到小赵在自己的微信朋友圈上传一组自己随手拍的街头风景合集，没想到有一张竟然将穿着汉服行走在街头的薛丽拍了进去，而且是正脸照。于是，薛丽的许多粉丝都认出了她，还纷纷在小赵的朋友圈留言夸赞。薛丽不希望自己的照片出现在别人的朋友圈，便联系小赵要求其将自己的照片删除。可小赵却说："我发这张照片又不是为了营利，这是我的自由，为什么要删除呢？"那么，不

以营利为目的，就可以擅自使用他人的照片吗？

《民法通则》第100条曾规定，“公民享有肖像权，未经本人同意，不得以营利为目的使用公民的肖像”。但《民法典》第1019条对此进行了修改，“未经肖像权人同意，不得制作、使用、公开肖像权人的肖像，但是法律另有规定的除外”。也就是说，侵害肖像权不再以行为人具备“营利目的”为条件，只要未经肖像权人同意，就有可能构成侵权。侵害肖像权常以是否故意来判断过错，明知他人享有肖像权而恶意使用他人肖像的自然侵害他人肖像权。但是在很多情况下，行为人并没有恶意，他们之所以这样做是对于法律上的肖像权保护了解得太少。尽管如此，这仍属于违法行为，依然构成侵权。

该案例中，小赵未经薛丽的允许就公开了她的肖像，已经违反前述相关的法律规定。即使小赵不是用该照片进行营利活动，薛丽也有权要求小赵删除朋友圈的照片。

法典在线

《中华人民共和国民法典》第一千零一十九条 任何组织或者个人不得以丑化、污损，或者利用信息技术手段伪造等方式侵害他人的肖像权。未经肖像权人同意，不得制作、使用、公开肖像权人的肖像，但是法律另有规定的除外。

未经肖像权人同意，肖像作品权利人不得以发表、复制、发行、出租、展览等方式使用或者公开肖像权人的肖像。

5 何种情况下，未经肖像权人同意能使用其肖像？

薛丽的好朋友小蒙是一名小学英语老师兼班主任。某日，她发现班里的一名学生小林，其眼角青了一块，在小蒙的追问下，小林说是被妈妈打的。当时，小蒙虽然觉得小林妈妈的行为不当，但以为这只是偶尔的情况，便没有过多追问。谁知，她发现小林身上的伤越来越多，有一次严重到都无法坐在椅子上了。小林的性格也越来越自闭，他开始拒绝和同学们交往。

小蒙通过和小林聊天，以及多次家访，了解到小林的家庭是重组家庭，经常殴打他的是他的继母段某。小蒙和校方多次与段某沟通，多方努力后，小林的境遇依然没有好转。近日，小蒙又发现小林的手被烫伤了。在万般无奈之下，小蒙只好求助于网络。她将小林的面部进行遮蔽后，将其受伤的照片发布在自己的微博上，又说明了小林的一些基本情况，希望能够得到媒体和广大网友的帮助。这件事果然在网上引起了广泛关注，当地政府和媒体都在想方设法地帮助小林。后小林的继母段某以小蒙侵犯了小林的肖像权为由诉至人民法院，要求小蒙承担相应的民事责任。那么，小蒙是否侵犯了小林的肖像权呢？

肖像权是自然人享有的一项重要的人格权，这项权利并非绝对的权利。因为肖像不仅对本人意义重大，对他人乃至社会也有重要的意义，许多正常的社会活动都需要对他人的肖像进行合理使用。因此，如果任何制作、使用、公开肖像的行为都需要经过肖像权人的同意，可能会影响正常的社会活动，甚至影响公共利益。

为了平衡个人肖像权的保护和社会公共利益的维护，《民法典》规定了5种合理使用肖像权的法定情形。在这5种情形下，不经肖像权人同意，制作、使用、公开肖像权人的肖像，不会构成侵权。总的来说，这5种情形主要是针对非商业使用而言，而未涉及商业性使用的任何事由。需要注意的是，即使符合法律规定的5种情形之一，也必须合理实施制作、使用、公开肖像权人的肖像的行为。

案例中的小蒙在知晓小林被虐待，且多种努力无果之后，为了保护未成年人的合法权益，揭露可能存在的违法犯罪行为，才在网上公开了小林的照片。虽然她未经小林同意，但她是出于维护社会公共利益和小林的合法权益的目的，而且在发布微博的时候，对小林的面部进行了遮挡处理。因此，小蒙的行为不构成对小林肖像权的侵害。

法典在线

《中华人民共和国民法典》第一千零二十条 合理实施下列行为的，可以不经肖像权人同意：

（一）为个人学习、艺术欣赏、课堂教学或者科学研究，在必要范围内使用肖像权人已经公开的肖像；

（二）为实施新闻报道，不可避免地制作、使用、公开肖像权人的肖像；

（三）为依法履行职责，国家机关在必要范围内制作、使用、公开肖像权人的肖像；

（四）为展示特定公共环境，不可避免地制

作、使用、公开肖像权人的肖像；

（五）为维护公共利益或者肖像权人合法权益，制作、使用、公开肖像权人的肖像的其他行为。

6 若代言的商品出了问题，可以单方解除肖像许可使用合同吗？

随着业务能力的不断精进，茉莉的商业价值不断攀升，最近她又代言了一款零食。可是没过多久，就有同行告知茉莉，说茉莉代言的这款产品似乎有质量问题。茉莉立即上网查看了一下，原来这款零食被曝出有添加剂超标的问题。茉莉的代言还没有到期，但她还是马上给商家打了电话，要求立刻解除肖像许可使用合同，以后他们的商品包装上也要停止印刷自己的肖像。那么，茉莉有单方解除肖像许可使用合同的权利吗？

对肖像权进行经济利用，一般都会涉及肖像许可使用合同，进而会涉及合同的解除问题。根据《民法典》的规定，肖像许可使用合同的解除权分两种

情况：

（1）许可使用期限没有约定或者约定不明确的情况。《民法典》赋予了双方当事人在肖像许可使用合同对肖像许可使用期限没有约定或者约定不明确的情况下任意解除合同的权利，为了避免对方当事人因合同解除受到损失，又规定了合理期限通知义务。

（2）许可使用期限有明确约定的情况。当事人对肖像许可使用期限有明确约定的情况，只有肖像权人享有合同解除权，使用肖像的一方当事人是没有这种解除权的。法律赋予肖像权人在许可使用期限内单方解除权是为了更好地保护肖像权人的人格利益，因为肖像权的许可使用涉及人格尊严。但这种单方解除权是有条件限制的：其一，必须有正当理由，正当理由应当根据具体情形来判断。如果没有正当理由，肖像权人单方解除合同，是违约的，要承担违约责任。其二，要在合理期限之前通知对方，以便让对方当事人有一定的缓冲时间。其三，因解除合同造成对方损失的，除不可归责于肖像权人的事由外，应当承担赔偿责任。

案例中的茉莉在明确约定的肖像许可使用期限内单方解除合同是因为商家的产品出现了质量问题，这属于有正当理由，如果继续代言下去就会有损茉莉的人格权。因此，茉莉有权单方解除肖像许可使用合同。

法典在线

《中华人民共和国民法典》第一千零二十二条　当事人对肖像许可使用期限没有约定或者约定不明确的，任何一方当事人可以随时解除肖像许可使用合同，但是应当在合理期限之前通知对方。

当事人对肖像许可使用期限有明确约定，肖像权人有正当理由的，可以解除肖像许可使用合同，但是应当在合理期限之前通知对方。因解除合同造成对方损失的，除不可归责于肖像权人的事由外，应当赔偿损失。

在现实生活中，许可他人使用肖像权的现象非常常见。在肖像权的商业化利用过程中，肖像权人往往都会和被授权人签订肖像许可使用合同，《民

法典》人格权编对此作了专门的规定。其中第1021条规定，当事人对合同中关于肖像使用条款的理解有争议的，应当作出有利于肖像权人的解释。第1022条第2款规定，即便当事人对肖像许可使用期限有明确约定，如果有正当理由，仍可以解除肖像许可使用合同。由此可见，当人格权和财产权发生冲突时，法律向保护人格权的方向倾斜。

7 声音被他人擅自使用，可以维权吗？

随着互联网知识付费的兴起，声音付费成为新的热门，各种有声平台接踵而来，王小强的表弟高冬冬也加入其中。高冬冬从小声音就很好听，他对朗读等也特别感兴趣，在学校时还在广播站当过广播员。工作以后，高冬冬不想浪费自己的优势，于是成为一名“斜杠青年”。上班之余，他便在某App上读有声小说。由于音色低沉雄浑，感情饱满，渐渐地，高冬冬成了某平台一名小有名气的签约主播，还接了游戏广告。可是有一次，他无意中听到某广告中的声音是自己的。经调查发现，原来某游戏公司通过剪切、编辑等技术手段，将他的声音移花接木至该公司产品的宣传广告里。那么，高冬冬可以要求对方删除该广告吗？

声音作为一种人格标识，具有表征个人、许可他人使用的功能。《民法典》规定，对自然人声音的保护，参照适用肖像权保护的有关规定。在所有的人格利益中，与肖像权的肖像利益最为接近的就是声音。声音不仅具有可识别性，能标识特定自然人主体的特征，还可以产生财产利益。

声音权的内容包括：

（1）声音录制专有权。声音权的首要内容体现在对声音的录制上。

（2）声音使用专有权。声音使用专有权包括两方面内容：其一，表现在精神利益方面，即权利人对自己的声音如何使用享有支配权。未经权利人许可，他人不得录制、保存权利人的声音。其二，表现在财产利益方面，权利人可以将自己的声音用于商业领域，并因此产生商业价值。

（3）声音处分专有权。当声音利益为精神利益的情况下，声音是不可以被转让和许可使用的。但是当声音利益为财产利益的情况下，自然人就可以与他人签订合同，把声音利益有偿转让或许可他人使用。

（4）声音利益保护请求权。如果权利人的声音权被侵犯了，那么权利人可以依据侵犯事实，依法维护自己的权益。

由此可知，自然人的声音受法律保护，某游戏公司为了自身利益，将高冬冬的声音移花接木至公司产品的宣传广告里，侵犯了高冬冬的声音权，高冬冬有权要求该游戏公司删除这支广告。

法典在线

《中华人民共和国民法典》第一千零二十三条 对姓名等的许可使用，参照适用肖像许可使用的有关规定。

对自然人声音的保护，参照适用肖像权保护的有关规定。

随着互联网的极速发展，声音市场不断壮大，声音变现的方式越来越多，动漫、广播剧、有声小

说、声优直播等给人们带来了一场场声音的盛宴。然而，随着科学技术的发展，声音利益受到侵害的问题也越来越突出。在这样的背景下，声音保护引起了社会普遍的关注。《民法典》第1023条第2款明确规定，对自然人声音的保护，参照适用肖像权保护的有关规定。此法条充分肯定了声音的价值，为自然人声音保护的可操作性提供了依据。

名誉不容损害，荣誉不容亵渎。

第五章

1 在单位遭受诽谤，可以起诉对方吗？

高冬冬的堂妹小芸今年28岁却没有谈男朋友，这让她的父母非常着急。在小芸妈妈的拜托下，小芸妈妈的同事王阿姨给小芸介绍了一位相亲对象，对方名叫小涛。小芸和小涛通过微信简单地了解彼此的基本情况，便相约见面，之后为了增进感情，两人还逛过一次公园，看过一次电影。可是，随着了解的深入，小芸看到小涛身上有很多不好的习惯，她认为两人根本不合适，便以性格不合为由提出不再继续联系了。小涛一听立马急了，他说："你是我女朋友，凭什么你说分手就分手！"可小芸认为，两人不过是基于王阿姨的介绍在试着相处，并没有正式确定恋爱关系，把话说清楚之后，小芸便不再回复小涛的微信消息。

谁知道两天之后，小涛竟然跑到小芸的单位大闹了一场。小涛谎称小芸是个水性杨花的女人，欺骗了自己的感情和钱财之后，就把自己甩了。他一方面四处吵嚷这些话，另一方面还将印有这些子虚乌有的事情的纸张，在小芸的单位分发。小芸感觉自己受到了极大的侮辱，自己一共与小涛见了3次面，而且每次吃饭或是看电影的消费，两人均是“AA制”，绝对不存在骗感情、骗钱财一说。可因为这件事，单位的同事都用异样的眼光看待自己，不少人还在背后对她指指点点，单位领导也提出让小芸暂时停职。事后，小芸以小涛侵犯自己名誉权为由，向人民法院提起诉讼，要求小涛停止侵害，恢复名誉，消除影响，赔礼道歉。小芸的诉讼请求能得到人民法院的支持吗？

这个案例涉及的是关于维护名誉权的法律问题。名誉是名誉权的客体。《民法典》对名誉的概念作了界定，名誉是对民事主体的品德、声望、才能、信用等的社会评价。名誉权是权利人依法享有的对因社会对其客观评价而获得的名声、声望、信誉等的维护并防止他人损害的权利。《民法典》规定，民事主体享有名誉权。任何组织或者个人不得侵害他人的名誉权。名誉权具有专属性，不可转让和继承，也不会带来直接的财产利益。判断某一行为是否侵犯了他人的名誉权时，需要注意以下几点：

（1）受害人的社会评价是否降低。受害人的社会评价是否降低应以社会大众的评价为标准进行判断，不能仅依靠受害人自己的主观感受。如果受害人的社会评价没有降低，就不构成侵犯名誉权。

（2）行为人发布的信息是否真实。如果行为人发布的信息是真实的，且没有用侮辱性的语言，那么也不存在名誉权受损害的问题。

（3）是否有受害人以外的人知悉。行为人侵害他人名誉权的行为需要有受害人以外的人知悉。

（4）行为人的行为具有过错。行为人的过错也是构成侵犯名誉权的要件，无论是故意还是过失造成的过错，都包含在内。

由此可见，我国法律明确规定公民的名誉权受法律保护。那么，如果有人用侮辱、诽谤或其他方式侵害权利人的名誉，权利人可以依法维护自己的权益，追究其法律责任。在本案例中，小涛用捏造事实的手段毁坏了小芸的名誉，并且闹得小芸的单位人尽皆知，造成了小芸的社会评价严重受损，其行为已经违反相关法律规定。因此可以判定，小涛侵犯了小芸的名誉权，小涛应当承担相应的民事责任。

法典在线

《中华人民共和国民法典》第一千零二十四条　民事主体享有名誉权。任何组织或者个人不得以侮辱、诽谤等方式侵害他人的名誉权。

名誉是对民事主体的品德、声望、才能、信用等的社会评价。

任何组织或者个人不得以侮辱、诽谤等方式侵害他人的名誉权。

新闻报道影响他人名誉，需要承担民事责任吗？

某家具生产厂家最近新上了一款床头柜。为推广新产品，厂家在电视台和网络上进行了大量的宣传，并在广告中强调产品设计极简、安全环保、结实稳固、经久耐用。然而，许多在网上买过该产品的用户，却在使用过程中遇到了不少问题。很多消费者反映，这款床头柜带有刺激性的气味，而且容易因受潮而开裂、变形。消费者协会受理用户的投诉后，立即派有关部门对该款床头柜进行了质量检测，发现其不仅质量差，使用了劣质油漆，安全性不达标，且制作粗糙，与宣传不符，属伪劣产品。后来，某电视台对该产品进行了曝光，制作了专题节目在每天的黄金时段滚动播出。很快，该厂家的销售额便一落千丈，遭受了很大的经济损失。事后，该厂家负责人以该电视台侵害自己的名誉权为由向当地人民法院提起诉讼，要求电视台赔偿其经济损失，并赔礼道歉。

正当的新闻报道和舆论监督等行为，具有社会正当性，是合法的，这是在履行媒体的批评、监督职责。因此，电视台等媒体在正当合法的曝光行为中，即使产生了对他人名誉造成影响、经济造成损失的后果，也不构成侵害名誉权，新闻媒体也不需要承担任何责任。但是《民法典》规定了3种例外的法定情形：

（1）捏造、歪曲事实。捏造事实，是指编造虚假事实，歪曲事实是指故意曲解事实。若行为人进行新闻报道、舆论监督等行为的过程中依据了捏造、歪曲的事实，自然不属于正当新闻报道和舆论监督行为，就会构成侵犯名誉权。

（2）对他人提供的严重失实内容未尽到合理核实义务。

（3）使用侮辱性言辞等贬损他人名誉。行为人的报道、监督等行为应坚持适度原则。即便行为人所传播的内容属实，也不可使用过于激烈的侮辱性言辞等贬损他人名誉，否则，不构成公正报道和正当的舆论监督。

在这个案例中，该家具生产厂家生产的床头柜经有关部门检测使用了劣质油漆，安全性无保证，制作粗糙，确属伪劣产品，其实际质量与其宣传内容不符，损害了消费者的利益。电视台在曝光该劣质产品时，没有捏造、歪曲事实，没有对该厂家进行侮辱和诽谤。因此，电视台是用合法的手段对其进行曝光，是在履行自己的新闻监督义务。所以，电视台的行为并不能构成侵害名誉权，对于给其带来的经济损失和名誉损害不需要承担任何责任。

法典在线

《中华人民共和国民法典》第一千零二十五条　行为人为公共利益实施新闻报道、舆论监督等行为，影响他人名誉的，不承担民事责任，但是有下列情形之一的除外：

（一）捏造、歪曲事实；

（二）对他人提供的严重失实内容未尽到合理核实义务；

（三）使用侮辱性言辞等贬损他人名誉。

新法亮点

新闻舆论介入现实生活，有利于维护国家政治和社会公共生活等公共利益，能推动社会进步，应予以支持。但是随着社会的发展，新闻侵权事件又时有发生。因此，此次《民法典》罕见地通过法律来规范、支持新闻报道和舆论监督，同时，又规定了3种例外的情形。《民法典》对新闻侵权进行规范，是中华人民共和国成立后，立法史上一次巨大的进步，具有重要意义。

媒体的报道未核实清楚，需要承担民事责任吗？

某日晚上8时许，在北京市某学校附近，一辆灰色小轿车与一个骑自行车的初中生相撞，发生了交通事故。该学生的衣袖被轿车的反光镜挂住，被拽下了自行车，因小轿车行驶速度过快，该学生被拖出近百米远，小轿车才刹住车。事后，某报社在报纸的醒目位置对此事进行了报道。但在该报道中，编辑人员把肇事小轿车车牌号中的一个字母写错了，而误写后的车牌号的车主是王小强的堂弟王小军。王小军是一名网约车司机，因为该篇新闻报道的失误，致使很多客人都不敢乘坐他的车，给他造成了不小的经济损失。而且，这件事还损害了王小军的名誉，网约车App上很多人都留言指责他，甚至他的亲朋好友都打来电话询问此事，致使王小军心情郁闷，无心工作。

于是，王小军便联系了该报社，要求他们在报纸中澄清错误，公开道歉，并赔偿自己的经济损失。之后，该报社迅速在报纸上刊登了致歉声明，修正了之前的错误，但又辩称，报纸刊登的报道内容客观真实，至于车牌号的错误，纯属工作上的疏忽，系文字性错误，而非主观过错，因此，不予以经济赔偿。于是，王小军将此事诉至人民法院，要求该报社及相关编辑赔偿自己的经济损失。

行为人实施新闻报道、舆论监督等行为，如果内容是从他人处获得，保证内容的真实性，核实内容的正确性，是行为人不可推卸的责任。基于此，《民法典》规定，认定行为人核实义务的合理范围，应当考虑下列因素：

（1）内容来源的可信度。行为人核实的程度受获取内容来源渠道的影响，如果内容的来源渠道可信度很高，那么，判断行为人是否尽到符合规定的合理的核实义务的条件就可以相对宽松一些。

（2）对明显可能引发争议的内容是否进行了必要的调查。如果行为人将要发布的内容有可能引发名誉权侵权争议，行为人应该进行必要的调查，以规避风险。

（3）内容的时限性。如果行为人发布的内容时限性很强，行为人查证事实的时间就变得非常紧迫，如果继续要求其保证内容真实后才能发布，可能会导致新闻的价值大大降低。因此，时限性越强的内容，行为人的核实义务就越宽松。

（4）内容与公序良俗的关联性。我国民法强调公序良俗原则。因此，如果行为人发布的内容可能影响公序良俗，则行为人应严格地进行核实。如果行为人发布的内容是为了维护公序良俗，则审查义务就会相对宽松。

（5）受害人名誉受贬损的可能性。受害人名誉受贬损的可能性越大，行为人就越应该严格地进行核实。

（6）核实能力和核实成本。行为人合理核实义务的高低还应该考虑核实能力和核实成本。

在这个案例中，王小军的小轿车是营运车辆，某报社在新闻报道中由于未核实清楚，误将肇事车辆的车牌号写成了王小军的，使人们对此产生误解，从而损害了王小军的名誉权，并给王小军造成了一定程度的经济损失。

至于该报社辩称的这一失误纯属工作人员的疏忽，系文字性错误，而非主观过错，这一答辩理由在法律上是否成立呢？关于这一点，我们在前面篇章的分析中已经提到过，行为人的过错是构成侵犯名誉权的要件，无论是故意还是过失造成的过错，都包含在内。这是因为口误、笔误、审核不严、编排和校对疏忽等情况，导致新闻中刊载了错误的信息，一样会损害被报道者的名誉，或损害新闻受众的切身利益。

王小军要求赔偿损失的理由正当，人民法院应予以支持。报社负责该篇报道的撰写者应赔偿王小军的经济损失，报社承担连带责任。

法典在线

《中华人民共和国民法典》第一千零二十六条　认定行为人是否尽到前条第二项规定的合理核实义务，应当考虑下列因素：

（一）内容来源的可信度；

（二）对明显可能引发争议的内容是否进行了

必要的调查；

（三）内容的时限性；

（四）内容与公序良俗的关联性；

（五）受害人名誉受贬损的可能性；

（六）核实能力和核实成本。

近些年来，一些新闻媒体为了吸引大家的眼球，大量采用不实或者夸张的标题，致使“标题党”“跟风党”等不断涌现，这样的文章产生了极其恶劣的影响。《民法典》第1026条对行为人实施新闻报道、舆论监督等行为涉及的民事责任承担，以及行为人是否尽到合理核实义务的认定等作了详细规定。新闻报道、舆论监督，未尽合理核实义务的，造成事实失实，侵害了受害人的名誉权的，都要承担民事责任。

4 自己的事被写进了小说，是被侵害了名誉权吗？

王小强的朋友马权是一名曲艺演员，他虽然其貌不扬，但因表演技艺精湛而深受观众朋友的喜爱。马权的妻子蓝兰是一位知名模特，容貌和身材都非常出众。两人的结合一直以来都被人们津津乐道，人们相信一定是才华打动了大美女蓝兰。谁知，这段婚姻仅仅维持了五年，就因蓝兰的出轨而结束。而且马权离婚后才知道，他们的孩子也不是自己亲生的。这件事对马权的伤害特别大，很长时间他都身处痛苦的旋涡中无法自拔。

1年后，好不容易将这段不愉快的经历放下的马权，却看到某杂志上的一篇以自己的故事为蓝本创作的文章。虽然故事的主人公换了个名字，可是文中描述的外貌特点、职业、生活经历都和自己完全吻合。该文章的作者还在文中评价男主人公是“癞蛤蟆想吃天鹅肉”“被戴绿帽也是自取其辱”等。马权看后愤怒不已，该篇文章的作者是否侵害了马权的名誉权？

文化事业能丰富人们的娱乐生活，满足人们的精神需求，提高人们的创造性，因此国家一直是给予鼓励的。可是文学、艺术作品来源于现实，同时又带有虚构的成分，所以有可能涉及侵害名誉权的问题。为了平衡文学艺术创作的自由和名誉权保护之间的关系，我国《民法典》对文学、艺术作品侵害名誉权的认定与例外进行了规定，主要分以下两种情形：

（1）以真人真事或者特定人为描述对象的情形。这种情形由于其描述对象具有特定性，因此，一旦在作品中涉及侮辱、诽谤等，就会构成对被描述对象名誉权的侵害。那么，如何确定作品是否以真人真事或者特定人为描述对象呢？如果作品中使用的是真实姓名，这就非常明确，不再赘言。如果作品中使用的是虚构的姓名，但虚构的人物和特定人的人格特征、基本工作生活经历一致，那么，也判定为真人真事。

（2）不以特定人为描述对象的情形。这种情形主要针对的是作者创作的以想象虚构的内容为主的作品。由于这类作品没有使用真人真事，不是以特定人为描述对象，所以很难构成侵权，即便作品中的情节与某特定人的情况相似，也不构成侵权。

本案例中，文章的作者虽然没有使用马权的真实姓名，但主人公的外貌描写、性格特征、工作经历、情感经历都与马权如出一辙，因此，可以判定该文章是以真人真事为描述对象的作品。同时，该文章中包含大量侮辱性内容，构成了对马权名誉权的侵害，受害人马权有权依法请求行为人承担民事责任。

法典在线

《中华人民共和国民法典》第一千零二十七条　行为人发表的文学、艺术作品以真人真事或者特定人为描述对象，含有侮辱、诽谤内容，侵害他人名誉权的，受害人有权依法请求该行为人承担民事责任。

行为人发表的文学、艺术作品不以特定人为描述对象，仅其中的情节与该特定人的情况相似的，不承担民事责任。

5 媒体报道内容失实，可以要求删除吗？

苏婉的朋友小冯是一名深受观众喜爱的主持人。小冯与妻子小杨结婚后，婚姻生活并不幸福，两人矛盾重重，争吵不断。小冯不堪忍受无休止的争吵，和小杨提出离婚，但小杨不同意离婚，随后小冯搬出家里，和小杨分居。

小杨为了逼迫小冯回心转意，在网上散播小冯家暴的谣言。由于小冯知名度较大，此事引起了很多人的关注，一时间小冯背负了诸多骂名。为了洗脱自己的冤屈，小冯将小杨告上了法庭。经过一系列调查、举证，证实家暴一事是小杨的诬陷，人民法院判定小杨澄清事实，赔礼道歉。

这件事告一段落之后，某网络媒体仍然在新闻报道中称小冯为“家暴男”。小冯多次联系该媒体，要求其删除此新闻内容均未果，小冯便以该媒体侵犯了自己的名誉权为由诉至人民法院，要求其删除不实内容，赔礼道歉，赔偿损失。

报刊、网络等媒体的报道普及性广、影响力大、传播速度快、时效性强，因此，报道内容一旦失实，造成的后果往往是非常严重的。为了及时制止因媒体报道的内容失实，而造成对他人名誉权的侵害，《民法典》规定，报刊、网络等媒体因报道的内容失实，侵害民事主体名誉权的，民事主体有请求更正或者删除的权利。前提是对于失实的内容，民事主体有证据来证明。

本案例中，小冯家暴之事只是子虚乌有，人民法院已经判定是小杨进行的诽谤，可是某网络媒体依然称小冯为“家暴男”。如果小冯请求更正不实报道后，该网络媒体能够及时作出更正，可以最大限度地减少对小冯名誉权的损害，可是该网络媒体依然我行我素，致使小冯的名誉权严重受损，小冯有权请求人民法院责令该网络媒体删除新闻，赔礼道歉并赔偿一定的损失。

法典在线

《中华人民共和国民法典》第一千零二十八条 民事主体有证据证明报刊、网络等媒体报道的内容失实，侵害其名誉权的，有权请求该媒体及时采取更正或者删除等必要措施。

6 发现信用评价出现问题，有权提出异议吗？

王小强的父亲王大山曾向农村信用社借款3万元，借款期限为3年，双方签订了《借款合同》，江某作为担保人也在合同上签了字。可是，3年后，王大山一直未能还上借款。于是，农村信用社便将王大山和江某起诉至人民法院，要求其归还欠款和利息。王小强知道这件事情后，便提出愿意拿出一笔钱帮父亲还上这笔欠款。经人民法院调解，双方达成了调解协议，王大山自愿清偿借款和利息给农村信用社。调解协议生效后，王大山便将借款和利息付清了。后来，王大山发现，在中国人民银行征信中心系统中，农村信用社提供的关于自己的个人信用信息中仍显示未归还借款合同金额。于是，王大山便联系农村信用社，要求其将上述信息删除，可是事后查询发现信用社依然没有更正。农村信用社的行为是否侵犯了王大山的合法权益呢？

随着社会经济的发展，信用是必然产物，在现代经济社会运行中是不可或缺的。在互联网高速发展的信息时代，信用评价对民事主体来说至关重要。因此，民事主体既有依法查询自己信用评价的权利，又有提出异议并请求更正、删除等的权利。

信用权的权能表现有：

（1）信用保有权。信用保有权一方面体现在民事主体保持自己的信用不下降、不丧失；另一方面体现在通过自己诚实地履行约定，提高经济能力，而使自己的经济评价和信赖感不断提升。

（2）信用利益支配权。信用利益支配权包括利用自己的优良信用参加经济活动，以获得更多的财产利益。

（3）信用维护权。信用维护权，是指权利人有维护自己的信用不受他人侵害的权利。当信用权遭他人侵害后，权利人有权寻求司法保护。

在本案例中，王大山已经按照调解协议清偿了借款和利息，农村信用社也自愿接受这样的调解。那么，在人民法院的调解。协议生效后，农村信用社就不应该还在王大山的个人信用信息中记录王大山未归还欠款。否则，这种不良记录会让王大山的社会评价降低，影响他未来的一些商业活动和涉及个人信誉的社会活动。因此，农村信用社的行为侵犯了王大山的信用权，王大山可以以农村信用社侵犯了自己的信用权为由诉至人民法院，以维护自己的合法权益。

法典在线

《中华人民共和国民法典》第一千零二十九条　民事主体可以依法查询自己的信用评价；发现信用评价不当的，有权提出异议并请求采取更正、删除等必要措施。信用评价人应当及时核查，经核查属实的，应当及时采取必要措施。

在信息时代，信用评价会对一个民事主体的名誉造成重大影响，因此其重要性不言而喻。所以《民法典》赋予了民事主体对自己的信用评价的查询

权、异议权，又明确了信息错误情形下的更正权，是人格权请求权的具体体现，有利于预防损害信用权的情况进一步发生，是非常有必要的。

7 被盗用身份证办了信用卡，可以要求赔偿吗？

某日，薛丽和友人在公园郊游时不慎遗失了自己的身份证。几个月之后，薛丽发现自己的征信评价出现异常，原来是捡到了薛丽身份证的小蒋盗用了她的身份证。小蒋在未经薛丽同意的情况下，擅自利用薛丽的身份证，在某银行信用卡中心申请并办理了信用卡。之后，小蒋恶意透支消费了1.3万元，致使薛丽的姓名被列入银行不良信用记录。薛丽知悉这件事后，立即向公安机关报了案。此后，小蒋将透支的欠款归还了银行，银行信用卡中心删除了薛丽的不良信用记录。之后，薛丽又在丈夫王小强的建议下，以信用权被侵犯为由将此事诉至人民法院，要求小蒋和银行信用卡中心对自己进行赔偿。这种情况可以要求赔偿吗？

信用权，是指民事主体就其所具有的经济能力在社会上获得的相应信赖与评价，所享有的保有和维护的具体的人格权。之前通行的法律中没有对于信用权的具体规定，所以都是采用间接保护，而《民法典》第1029条的规定，使得民事主体的信用利益保护有了依据。

小蒋捡到薛丽的身份证后，没有物归原主，而是在未经薛丽同意的情况下，擅自利用薛丽的身份证进行信用卡的申请和办理，这是盗用、假冒他人姓名，侵犯了薛丽的姓名权。而姓名权被侵犯后，小蒋的恶意透支导致薛丽留下了不良信用记录，进而又侵犯了薛丽的信用权。

而某银行信用卡中心作为为客户开办信用卡的专门机构，应该了解在现实生活中，盗用、假冒他人姓名申办信用卡的情况并不少见，却依然没有尽到合理的审查义务。正因为如此，小蒋侵犯薛丽人格权的行为才能实施成功。因此，在薛丽被侵权的过程中，该银行信用卡中心也存在过错。

小蒋和该银行信用卡中心的行为共同造成了薛丽的信用污点，这种情况对一个人进行商业交易活动和社会活动都会产生不利的影响，因此，薛丽有权要求赔偿。小蒋应承担大部分赔偿责任，该银行信用卡中心应承担小部分赔偿责任。

法典在线

《中华人民共和国民法典》第一千零二十九条　民事主体可以依法查询自己的信用评价；发现信用评价不当的，有权提出异议并请求采取更正、删除等必要措施。信用评价人应当及时核查，经核查属实的，应当及时采取必要措施。

《中华人民共和国民法典》第一千零三十条　民事主体与征信机构等信用信息处理者之间的关系，适用本编有关个人信息保护的规定和其他法律、行政法规的有关规定。

8 诋毁、贬损他人的荣誉称号，是不是侵犯荣誉权？

青阳在学校学习舞蹈的时候曾经遇到过这么一件事，让她现在回想起来还很难受。当时，青阳和小颖是某舞蹈学院的同班同学。两年一度的某知名青少年舞蹈大赛就要开始报名了，由于青阳和小颖都是班级中的佼佼者，在老师的鼓励下，她们两个都报名参加了这个舞蹈大赛。

经过一番激烈的角逐，青阳和小颖都进入了决赛。小颖自小就非常自信，再加上她的确算是非常有天赋的舞者，所以她相信自己一定能够胜出。哪知，人外有人，天外有天，这次比赛是全国各地优秀舞者的角逐，小颖最后没能进入前三名，可是青阳却荣获了二等奖。看着青阳开开心心地拿回了奖杯和证书，小颖感觉心里极度不平衡，冲动之下她摔坏了青阳的奖杯。但是，她心里的嫉妒之火仍然没有熄灭。由于此次舞蹈大赛要求参赛舞蹈必须为原创，怀恨在心的小颖又向主办方诬告，谎称青阳的舞蹈并非原创。小颖的种种行为是否侵害了青阳的荣誉权？

荣誉，是指特定组织授予自然人、法人、非法人组织的一种积极、肯定的正式评价。荣誉权，是指公民、法人、非法人组织所享有的，因自己的突出贡献或特殊劳动成果而获得的光荣称号或其他荣誉权利。《民法典》规定，民事主体享有荣誉权。具体说来，侵害荣誉权的行为主要有以下几种：

（1）非法剥夺他人荣誉。这是侵犯他人荣誉权最为常见的行为。侵犯的行为主体一般是授予荣誉的组织。如有的荣誉授予组织在没有法定理由或非经法定程序的情况下，剥夺他人已获得的荣誉。

（2）诋毁、贬损他人所获得的荣誉。主要的行为方式包括对他人获得的荣誉心怀不满，向授予组织诬告，诋毁荣誉权人，或者撕毁别人的荣誉证书、砸毁别人的奖杯，或者公开发表不实言论贬损他人的形象等行为。

（3）荣誉称号应当记载而没有记载或记载错误。荣誉称号应当记载而没有记载或记载错误，荣誉获得者就不能获得应有的尊重和礼遇，不利于维护获得者的荣誉。

本案例中的青阳凭借自己的实力获得了某知名青少年舞蹈大赛的二等奖，这是她赢得的荣誉，小颖因为妒忌，摔坏青阳的奖杯，又用子虚乌有的事情进行诬告，这是诋毁、贬损青阳所获得的荣誉，侵害了青阳的荣誉权，应承担相应的民事责任。

法典在线

《中华人民共和国民法典》第一千零三十一条　民事主体享有荣誉权。任何组织或者个人不得非法剥夺他人的荣誉称号，不得诋毁、贬损他人的荣誉。

获得的荣誉称号应当记载而没有记载的，民事主体可以请求记载；获得的荣誉称号记载错误的，民事主体可以请求更正。

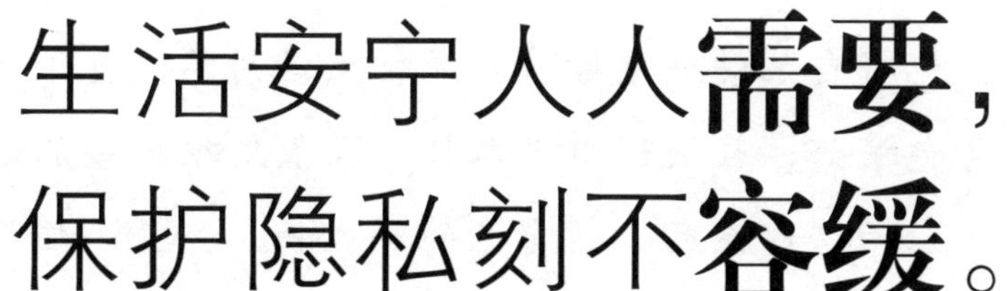
生活安宁人人需要，
保护隐私刻不容缓。

民法典

第

六

章

快递物品被快递员翻看，可以向快递公司索赔吗？

王小强最近要到外地出差1个月，为了轻装上路，他将自己的一些贴身衣物、生活用品、电子产品等包装好，让快递员来取件，准备发往出差的地方。由于这些东西都是自己的私人物品，王小强特意在箱子上写了几个醒目的大字——“私人物品，严禁打开”。

王小强到达出差地后，很快就收到了自己的快递，他立刻拆开了包裹，查看自己的物品。经过查看后，他发现自己的物品被翻看过。经查实，是某快递公司的工作人员耿某曾翻看过包裹内的物品，还损坏了王小强的一件物品。王小强认为自己的隐私遭受侵犯，他可以向快递公司索赔吗?

何为隐私?《民法典》对其定义进行了界定。隐

私是自然人的私人生活安宁和不愿为他人知晓的私密空间、私密活动、私密信息。隐私包括 4 部分内容：

（1）私人生活安宁。私人生活安宁，是指自然人的生活不受他人不当侵扰和妨害的状态。

（2）私密空间。私密空间是自然人想保留的空间，或不进行社会日常交往时形成的私人空间范围。私人空间包括具体的私人空间和抽象的私人空间两种。具体的私人空间，是指个人的隐秘范围，包括个人居所、身体的隐私部位等。抽象的私人空间是指思想的空间，专指个人日记。

（3）私密活动。私密活动，是指一切与他人无关且不涉及公共利益的私人的活动。

（4）私密信息。私密信息，是指所有的个人信息和资料，包括健康状况、婚恋情况、家庭住址、财产状况等。

隐私权是现代社会自然人享有的一项极为重要的具体人格权。这是因为在现代社会，随着互联网技术的不断发展，隐私权越来越易受侵害，侵权的方式越来越隐秘，侵权造成的后果越来越多样化。因此，隐私权越来越得到人们的重视。鉴于此，《民法典》规定，自然人享有隐私权。任何组织或者个人不得以刺探、侵扰、泄露、公开等方式侵害他人的隐私权。

自然人享有隐私权主要体现在以下几个方面：

（1）隐私享有权。自然人享有对自己的私密信息、私密空间、私密活动进行隐匿，不被他人所知的权利，有权禁止自己的隐私被他人或组织非法披露和公开。

（2）隐私维护权。自然人享有维护自己隐私权不受侵害的权利。当自己的隐私权被侵害时，自然人享有停止侵害、排除妨碍、消除影响等的请求权。

（3）隐私公开权。自然人享有公开自己隐私的权利，但不可违背公序良俗。公开的方式可以是自己公开，也可以是允许他人公开。注意公开自然人隐私，须得到权利人明确同意。

本案例中的耿某，在王小强的包裹上标识了“私人物品，严禁打开”的情况下，仍然私自翻看包裹内的物品，侵犯了王小强的隐私权。而用人单位的工作人员因执行工作任务造成他人损害的，由用人单位承担侵权责任。用人单位承担侵权责任后，可以向有故意或者重大过失的工作人员追偿。所以，耿某翻看包裹内物品造成的侵权以及损坏物品造成的损失均由快递公司来承担责任。综上所述，王小强可向该快递公司索赔。

法典在线

《中华人民共和国民法典》第一千零三十二条　自然人享有隐私权。任何组织或者个人不得以刺探、侵扰、泄露、公开等方式侵害他人的隐私权。

隐私是自然人的私人生活安宁和不愿为他人知晓的私密空间、私密活动、私密信息。

隐私权是一项极为重要的有关人的精神需求的人格权，与人格尊严密切相关。然而随着信息化时代的发展，隐私权受到了极大挑战。此次《民法典》与时俱进，规定了隐私的定义和隐私权的绝对性，自然人的私人生活安宁和不愿为他人知晓的私密空间、私密活动、私密信息等都将得到法律的保障，且不容任何组织或者个人非法侵害。《民法典》对隐私权的明确保护具有极为重要的现实意义。

2 在酒店被偷拍，是否被侵犯了隐私权？

因公出差的王小强到达外地后，入住了提前订好的某酒店。在酒店住了一晚后，他无意中发现酒店正对床的插座上有红点。他赶紧将插座拆下，详细查看，没想到发现了一个隐藏的针孔摄像头。王小强马上联系前台，告知此事，酒店负责人立即报警。派出所的民警对现场进行了勘查。事后，王小强越想越后怕，便以酒店侵害其隐私权为由诉至人民法院。在酒店被偷拍，是否被侵犯了隐私权？酒店是否需要承担责任呢？

小强说法

每个人都渴望私人生活不被他人窥视和打扰，这也是人们能够正常生活下去的基本条件。然而，在互联网、大数据时代，隐私权受到前所未有的挑战。鉴于此，《民法典》对侵害隐私权的行为进行了列举性规定：

（1）通过骚扰电话、骚扰短信、骚扰电邮等方式侵扰他人的私人生活安宁。自然人享有私人生活安宁的权利，并有权排除任何组织和个人以任何方式不法侵扰其私人生活。

（2）进入、拍摄、窥视他人的住宅、宾馆房间等私密空间。进入、拍摄、窥视是最具代表性的侵害自然人私密空间隐私权的3种方式，而住宅、宾馆房间等私密空间又是自然人最需要隐匿的部分，因此以上行为会对自然人隐私权造成极大侵害，甚至会对社会秩序造成恶劣影响。

（3）拍摄、窥视、窃听、公开他人的私密活动。私密活动属于动态隐私，也是受法律保护的。私密活动一旦被窥视、窃听，个人人格尊严也将受到严重侵害。

（4）拍摄、窥视他人身体的私密部位。身体的私密部位对于自然人来说极为敏感，一旦暴露在公众视野中，会给自然人带来极大的羞耻感。

（5）处理他人的私密信息。自然人的私密信息与自然人的人身安全、人格尊严、人身自由等密切相关，是自然人不愿意被他人知晓的，违背当事人意愿处理其私密信息就会侵害他人隐私权。

（6）以其他方式侵害他人的隐私权。随着科技的进步和社会的发展，侵害隐私权的方式会不断涌现，所以《民法典》设立此兜底性条款，以便应对复杂多变的现实需求。

本案例中，酒店由于对客房管理不到位，致使酒店房间中藏有针孔摄像头，构成了对入住客人王小强隐私权的侵害，酒店应当承担相应的民事责任。

法典在线

《中华人民共和国民法典》第一千零三十三条　除法律另有规定或者权利人明确同意外，任何组织或者个人不得实施下列行为：

（一）以电话、短信、即时通讯工具、电子邮件、传单等方式侵扰他人的私人生活安宁；

（二）进入、拍摄、窥视他人的住宅、宾馆房间等私密空间；

（三）拍摄、窥视、窃听、公开他人的私密活动；

（四）拍摄、窥视他人身体的私密部位；

（五）处理他人的私密信息；

（六）以其他方式侵害他人的隐私权。

在互联网、大数据时代，侵犯隐私权的手段向着隐蔽化、多样化的方向发展。针孔摄像头偷拍、远程拍摄、垃圾信息肆虐、骚扰电话狂轰滥炸等，对个人私人生活造成了极大侵扰，令人不胜其烦。为适应社会发展，强化权益保障，《民法典》列明禁止侵害他人隐私权的具体行为，为个人有效应对现代科学技术发展所带来的隐私威胁提供了法律依据。

3 哪些信息属于法律保护的个人信息？

王小强的朋友璐璐这一段时间感觉非常不安，因为她发现，最近她只要在某公司开发的App上浏览或是搜索了什么商品，很快就会在浏览其他网页时看到相应的广告。王小强告诉璐璐，这应该是该公司利用网络技术，收集了网络用户浏览、搜索、收藏、交易等行为痕迹信息所产生的大量原始数据，在此基础上，进行了分析、提炼和整合，该公司掌握了这些数据便可以及时掌握相关商品的市场行情变化，及时调整经营方向。璐璐认为，该公司此举使得自己的兴趣爱好、工作生活特点等都被迫暴露，故而以该公司侵犯了自己的隐私权为由诉至人民法院，要求该公司承担相应的民事责任。

本案例涉及的是个人信息保护的法律适用问题。

个人信息是以电子或其他方式记录的，能够单独或者与其他信息结合而识别特定自然人的各种信息。构成个人信息须满足以下3个要件：

（1）具有可识别性。这是构成个人信息最核心的一点。识别就是通过个人信息可以识别出某一特定自然人。这种识别有直接和间接之分。直接识别自然就是通过该信息就可以直接把某一自然人“认出来”。间接识别，是指通过该信息不能直接确认某一自然人身份，但是可以借助其他信息识别出来。

（2）具有一定的载体。个人信息必须是以电子或其他方式记录下来的，否则，便不归属于个人信息范畴。

（3）主体必须是自然人。主体是法人或者非法人组织的不是个人信息。

本案例中的这家公司运用网络技术收集、利用的是不能识别出网络用户个人身份的数据信息，该数据信息的特征不符合《民法典》所规定的“以电子或者其他方式记录的能够单独或者与其他信息结合识别特定自然人的各种信息”。该公司此举虽然会反映网络用户的网络行动轨迹及个人偏好等，具有隐私属性，但反映出的内容与网络用户身份是无法对应上的，无法确定网络用户的个人身份，比如姓名、出生日期、身份证件号码、生物识别信息、住址、电话号码、电子邮箱、健康信息、行踪信息等，所以不属于个人信息范畴。因此，该公司的行为不属于未经同意收集个人信息从而侵犯璐璐的隐私权，不需要承担相应的民事责任。

法典在线

《中华人民共和国民法典》第一千零三十四条　自然人的个人信息受法律保护。

个人信息是以电子或者其他方式记录的能够单独或者与其他信息结合识别特定自然人的各种信息，包括自然人的姓名、出生日期、身份证件号码、生物识别信息、住址、电话号码、电子邮箱、健康信息、行踪信息等。

个人信息中的私密信息，适用有关隐私权的规定；没有规定的，适用有关个人信息保护的规定。

随着社会的进步和科技的发展，人们获取个人信息的范围和途径也在不断扩大，侵权事件频繁发生，人们的个人信息时时面临着被非法窃取的风险。《民法典》规定了个人信息可识别性的标准，将个人信息定义为以电子或者其他方式记录的能够单独或者与其他信息结合而识别特定自然人的各种信息，扩展了个人信息的内涵。此外，还明确了个人信息受法律保护，以及个人信息中的私密信息适用隐私权保护的规定。

4 处理自然人的个人信息，应遵循什么原则？

王小强的表叔唐杰是一家经营甲社交网站的公司的法定代表人，唐杰所在的公司曾和某公司进行过一次合作。合作期间，双方签订了《开发者协议》并约定通过甲社交网站的开放平台进行合作。其后，该公司抓取了甲社交网站用户的职业信息和教育信息，用于该公司开发的乙网站。双方合作结束后，该公司不仅没有将之前抓取的信息删除，又非法抓取并使用了甲社交网站用户的头像、昵称等信息。该公司处理个人信息的行为正当吗？

本案例是关于个人信息处理限制的法律适用问题。个人信息的处理包括个人信息的收集、存储、使用、加工、传输、提供、公开等。对于个人信息的处理，关系信息主体的人格尊严，因此，应遵循以下原则：

（1）合法原则。信息处理者处理个人信息不得违反法律规定，不得非法进行。

（2）正当原则。信息处理者处理个人信息要有正当目的，要使用正当手段，不能违背公序良俗和诚实守信原则。

（3）必要原则。处理个人信息应当有特定目的，并依据此目的进行，不得超出这个目的范围，与该目的无关的个人信息不得处理。

在本案例中，某公司与唐杰所在的公司在合作期间，未根据协议申请职业信息和教育信息开放应用程序接口，而是从甲社交网站的开放平台获取该网站用户的职业信息和教育信息。在双方合作结束后，该公司未按照协议，及时删除相关用户信息，而是仍在乙网站继续使用。之后，该公司又继续抓取并使用了甲社交网站用户的头像、昵称等信息。这些信息具有较强的用户个人特色，通过这些信息，能勾勒出用户个人的生活、工作等状态。由此可知，该公司处理个人信息的行为缺乏正当性和合法性。

法典在线

《中华人民共和国民法典》第一千零三十五条　处理个人信息的，应当遵循合法、正当、必要原则，不得过度处理，并符合下列条件：

（一）征得该自然人或者其监护人同意，但是法律、行政法规另有规定的除外；

（二）公开处理信息的规则；

（三）明示处理信息的目的、方式和范围；

（四）不违反法律、行政法规的规定和双方的约定。

个人信息的处理包括个人信息的收集、存储、使用、加工、传输、提供、公开等。

5 在什么情形下个人信息被处理，对方不用担责？

高冬冬的手机某日收到了甲App发来的一条短信，内容显示该款App向他推荐了一些志同道合的朋友，可进入发来的链接进行查看，同时提示可以通过回复“TD”的方式进行退订。高冬冬当即回复“TD”，此后没有再收到过该号码发来的消息。甲App之所以能收集到高冬冬的手机号，是高冬冬曾下载并注册过乙App，两个App均是某科技公司开发的。高冬冬认为该科技公司获取了包括自己的姓名和手机号码在内的个人信息，又向自己发送商业广告，侵犯了自己的隐私权，遂将此事诉至人民法院，请求该科技公司赔礼道歉，并赔偿损失。高冬冬的诉讼请求能得到法律支持吗？

小强说法

权利的行使都不是完全无界限的，自然人对个人信息权益的处分也是这样。对民事主体个人信息的保护会在一定程度上对相关产业产生影响，为了平衡二者的关系，《民法典》规定了合理处理个人信息的免责条款，具体如下：

（1）在该自然人或者其监护人同意的范围内合理实施的行为。合法处理自然人个人信息的重要前提就是，自然人或者其监护人同意，这也是自然人处分个人信息权益的重要方式。

（2）合理处理该自然人自行公开的或者其他已经合法公开的信息，但是该自然人明确拒绝或者处理该信息侵害其重大利益的除外。原则上来说，在本条款列举的两种情况下，个人信息是可以被合理处理的，一般来说不构成侵权。但是，如果自然人明确拒绝或者处理该信息侵害自然人重大利益，处理这样的信息，仍然要承担责任。

（3）为维护公共利益或者该自然人合法权益，合理实施的其他行为。这是一个兜底性条款，基于公共利益，可适当限制权利的行使。

本案例中，某科技公司收集到的个人信息，是高冬冬在使用该公司开发的乙 App 注册账号时主动提供的，获得的方式是合法的。而向高冬冬发送的商业广告是其他用户触发后，系统自动发送的。该科技公司发送的信息提供了可以退订的选择，而且高冬冬在回复“TD”之后，该科技公司没有再发送过任何推送消息，符合广告法第43条第2款“以电子信息方式发送广告的，应当明示发送者的真实身份和联系方式，并向接收者提供拒绝继续接收的方式”的规定。因此，该科技公司的行为并未构成侵权。

法典在线

《中华人民共和国民法典》第一千零三十六条　处理个人信息，有下列情形之一的，行为人不承担民事责任：

（一）在该自然人或者其监护人同意的范围内合理实施的行为；

（二）合理处理该自然人自行公开的或者其他已经合法公开的信息，但是该自然人明确拒绝或者处理该信息侵害其重大利益的除外；

（三）为维护公共利益或者该自然人合法权益，合理实施的其他行为。

6 网上发布的有关个人信息已过时，可以要求删除吗？

苏婉是学播音出身的，她曾在某培训机构从事过相关的教育工作。后来因为私人原因，她与培训机构解除了劳务合同。再之后，该培训机构因经营不当，口碑一落千丈。这件事传到了苏婉耳中，她便打算到某搜索引擎上查看一下相关情况。当苏婉在搜索框中键入关键词“×× 培训机构”后，在搜索结果中，“×× 培训机构不靠谱”“×× 培训机构骗局曝光”等信息首先跳了出来，再往下一翻，“×× 培训机构苏婉”映入她的眼帘。苏婉立刻又在搜索框中键入关键词“苏婉”，结果首先搜索出来的便是“×× 培训机构苏婉”。

苏婉现今在一所学校担任播音老师，她担心这样的搜索结果会对自己的工作产生不利的影响。那么，现在已经不在培训机构工作的苏婉可以要求该搜索引擎删掉已经过时的信息吗？

本案例是涉及个人信息决定权的法律问题。法律赋予自然人对其个人信息的知情同意权，以及以知情同意权为基础的查询权、复制权、更正权、删除权等在内的信息自主控制的权能。具体来说，个人信息权的内容包括：

（1）个人信息查阅复制权。自然人有权查阅其个人信息被处理的情况，并有权复制处理的个人信息。自然人要行使自己对个人信息的其他权利，了解自己的哪些个人信息被处理了，以及被处理的情况，是基本前提。所以，查阅复制权在保护个人信息的过程中意义重大。

（2）个人信息更正权。信息主体发现信息有错误的，有权请求信息处理者对错误、片面的个人信息进行更正与补充。信息处理者有更正的义务。

（3）个人信息删除权。自然人发现信息处理者违反法律、法规或者双方的约定处理其个人信息的，有请求及时删除的权利。另外，已经过时的、对自己可能造成不良影响的个人信息，也有权要求删除。

本案例中的苏婉已经不在某培训机构任职，在搜索引擎中搜索出来的“××培训机构苏婉”的信息便是已经过时的个人信息。而苏婉现今在学校担当播音老师，搜索引擎中公开苏婉和培训机构挂钩的个人信息，很容易给他人造成误导，从而对苏婉的名誉造成不良影响。根据《民法典》的规定，苏婉有权要求该搜索引擎删掉已经过时的信息，该搜索引擎有更正或删除的义务。

法典在线

《中华人民共和国民法典》第一千零三十七条　自然人可以依法向信息处理者查阅或者复制其个人信息；发现信息有错误的，有权提出异议并请求及时采取更正等必要措施。

自然人发现信息处理者违反法律、行政法规的规定或者双方的约定处理其个人信息的，有权请求信息处理者及时删除。

7 APP泄露了客户的个人信息，需要承担民事责任吗？

在一次家庭聚会中，王小军电话不断，众人不胜其扰。一问才知道，王小军并非业务繁忙，他接的都是推销广告的骚扰电话。众人让王小军回忆一下，从什么时候起开始接到这么多骚扰电话的，王小军猛然想起正是从下载了某款App之后。王小强提出，那很可能是这款App平台方非法把王小军的个人信息提供给他人了。王小军恍然大悟。个人信息处理者可以将其收集、存储的个人信息提供给他人吗？

小强说法

本案例是涉及信息处理者的信息安全保障义务的法律适用问题。个人信息的处理者，是指合法收集并控制自然人个人信息的主体。个人信息处理者有责任对自然人的个人信息进行保密。《民法典》从3个方面对信息处理者应当履行的安全保护义务作了规定：

（1）个人信息处理者不得泄露、篡改或者向他人非法提供收集和存储的个人信息。上述禁止的行为严重违反了安全保护的义务，属于故意侵犯个人信息权益的行为，要承担相应的民事责任。

（2）个人信息处理者负有保密义务。个人信息的处理者应当采取相应措施，保证其收集、存储的个人信息安全。

（3）个人信息处理者负有及时采取补救措施的义务。一旦发生或者可能发生个人信息泄露、篡改、丢失的情况，个人信息的处理者不但具有及时补救的义务，同时，还有按照规定告知自然人并向有关主管部门报告的义务，以免造成更大程度的损害。

本案例中，某App平台收集、存储了王小军的个人信息之后，就负有不得泄露和向他人非法提供的义务，而王小军在下载了该款App之后就骚扰电话不断，显然是App平台方的失职。按照《民法典》

的规定，一旦发生个人信息泄露的事件，App平台方应及时采取补救措施，并告知自然人，但王小军没有接到App平台方的任何通知。王小军的个人手机号能够与王小军本人进行匹配和识别，不属于经过加工无法识别特定个人且不能复原的情况。综上所述，App平台方泄露的王小军的个人信息属于《民法典》所保护的个人信息，App平台方应承担民事责任。

法典在线

《中华人民共和国民法典》第一千零三十八条　信息处理者不得泄露或者篡改其收集、存储的个人信息；未经自然人同意，不得向他人非法提供其个人信息，但是经过加工无法识别特定个人且不能复原的除外。

信息处理者应当采取技术措施和其他必要措施，确保其收集、存储的个人信息安全，防止信息泄露、篡改、丢失；发生或者可能发生个人信息泄露、篡改、丢失的，应当及时采取补救措施，按照规定告知自然人并向有关主管部门报告。

8 举报信息被泄露，该如何维护自身合法权益？

王小强的好朋友岳呈呈最近在某品牌的专卖店买了一款热水器，才用了不到半个月就出现了质量问题，之后在和专卖店反复协商之下，岳呈呈终于将这款产品退掉了。可是，王小强认为热水器质量不佳，很容易出现安全问题，应引起重视。于是，他便向有关的行政部门进行了投诉。

一段时间后，王小强有一天突然收到一个恐吓快递，里面是一束白色的菊花和用红色颜料写满诅咒王小强全家话语的纸张，紧接着王小强又接到数个骚扰电话，电话中称这是对他举报的“惩罚”。王小强立即报警。警方查到这些恐吓之举是某品牌专卖店所为，并且他们是通过有关的行政部门获悉了投诉人王小强的个人信息和投诉材料。警方依法对该专卖店的违法人员进行了惩处。

王小强认为自己之所以会遭到恐吓，是相关的行政部门泄露了自己的个人信息。于是，王小强将此事诉至人民法院，要求有关的行政部门对自己赔礼道歉，并进行赔偿。王小强的主张能得到人民法院的支持吗？

国家机关、承担行政职能的法定机构及其工作人员在依法履行职责的过程中，总会接触很多自然人的隐私和个人信息，如在进行出生登记、办理护照、身份证明等过程中。有时，国家机关、承担行政职能的法定机构及其工作人员是在法律、法规的授权下，主动处理自然人的个人信息，有时是在履行职责的过程中被动地获悉自然人的隐私和个人信息。如果国家机关、承担行政职能的法定机构及其工作人员不能对这些信息进行保密的话，就会对自然人的权益造成极大损害。所以，《民法典》第1039条规定，国家机关、承担行政职能的法定机构及其工作人员对于履行职责过程中知悉的自然人的隐私和个人信息，应当予以保密，不得泄露或者向他人非法提供。

在本案例中，王小强向有关的行政部门进行投诉，是在行使消费者的监督权。王小强投诉的某品牌热水器存在质量问题是事实，这不是王小强捏造的。有关的行政部门在接到消费者投诉之后，应该调查投诉问题是否属实，并依照相关法律法规，公平公正地进行处理。并且有关的行政部门应对投诉人的个人信息和投诉材料等进行保密，不得随意泄露并转交他人，这样才有利于消费者行使监督权。

然而，王小强却因为投诉劣质产品而遭到商家恐吓，且根据警方的调查，的确是有关的行政部门泄露了王小强的隐私和个人信息，因此，根据《民法典》的相关规定，王小强的主张应得到人民法院的支持。

法典在线

《中华人民共和国民法典》第一千零三十九条　国家机关、承担行政职能的法定机构及其工作人员对于履行职责过程中知悉的自然人的隐私和个人信息，应当予以保密，不得泄露或者向他人非法提供。